Théo de Borba Moosburger

LENDO EM NÓRDICO

Uma introdução à língua das sagas, das Eddas e das inscrições rúnicas da Era Viking

Vol. 1

KOTTER
EDITORIAL

Coordenação Editorial: Sálvio Nienkötter
Editor-Executivo: Daniel Osiecki
Editor-adjunto: Claudecir de Oliveira Rocha
Capa: Jussara Salazar
Imagem da capa: Manuscrito Flateyjarbók, séc. XIV
Design editorial: Carlos Garcia Fernandes
Produção: Cristiane Nienkötter
Revisão e preparação de originais: O Autor

Dados Internacionais de Catalogação na Publicação (CIP)
Angelica Ilacqua CRB-8/7057

Moosburger, Théo de Borba
Lendo em nórdico : uma introdução à língua das sagas, das Eddas e das inscrições rúnicas da Era Viking / Théo de Borba Moosburger. — Curitiba : Kotter Editorial, 2023.
224 p.

ISBN 978-65-5361-230-3

1. Línguas escandinavas I. Título

CDD 439.5

23-4020

Kotter Editorial Ltda.
Rua das Cerejeiras, 194
CEP: 82700-510 - Curitiba - PR
Tel. + 55(41) 3585-5161
www.kotter.com.br | contato@kotter.com.br

Feito o depósito legal
1ª Edição
2023

Théo de Borba Moosburger

LENDO EM NÓRDICO

Uma introdução à língua das sagas, das Eddas e das inscrições rúnicas da Era Viking

Vol. 1

Sumário

Introdução geral ao estudo da língua nórdica

Unidade 1

Unidade 2

Unidade 3

Unidade 4

Unidade 5

Unidade 6

Unidade 7

Traduções das leituras e soluções dos exercícios

Abreviaturas

ac. acusativo
adj. adjetivo
adv. advérbio
art. artigo
card. cardinal
comp. comparativo
conj. conjunção
dat. dativo
def. definido
dem. demonstrativo
f. feminino
gen. genitivo
int. interrogativo
m. masculino
med. conjugação média
n. neutro
nom. nominativo
num. numeral
ord. ordinal
pl. plural
poet. poético
poss. possessivo
prep. preposição
pron. pronome
refl. reflexivo
rel. relativo
sing. singular
subst. substantivo
superl. superlativo
v. verbo

Apresentação

Este é o primeiro de um total planejado de três livros. Cada um cobre o conteúdo equivalente a um semestre de curso (idealmente 45 a 60 horas-aula). Este volume 1 concentra-se nos princípios gerais de flexão nominal e nas conjugações verbais no tempo presente do modo indicativo. Os textos que compõem as leituras são, em sua maioria, extraídos da Edda em prosa, obra atribuída a Snorri Sturluson. Nas primeiras unidades, as passagens estão editadas e adaptadas, mas a partir da unidade 5 somente textos sem nenhuma adaptação são apresentados. A escolha pela Edda em prosa deve-se a dois fatores: primeiro por tratar-se de uma obra que desperta grande interesse, devido à temática mitológica; em segundo lugar por conter longas passagens em que os verbos todos estão conjugados no tempo presente, o que favorece o sequenciamento de tópicos gramaticais proposto. No segundo volume, o foco das leituras se dirijirá às sagas, e no terceiro maior espaço é reservado à poesia, variantes dialetais e inscrições rúnicas.

Este livro, agora em sua segunda edição ampliada e melhorada[1], surgiu como fruto de uma longa experiência com alunos brasileiros, e começou a ser redigido, em fase embrionária, em 2007,

---

[1] Este livro foi originalmente publicado sob o título *Introdução ao Nórdico Antigo 1* (São Paulo: Dialética, 2022). A presente edição é uma versão substancialmente revista, corrigida e ampliada daquela. Para este *Lendo em Nórdico vol. 1* alguns tópicos nas explicações foram expandidos, outros foram acrescentados; novos exercícios foram inseridos; foram adicionadas ao final do livro traduções dos textos e respostas dos exercícios, em vista especialmente do público autodidata. Além disso, alguns erros detectados na primeira edição foram corrigidos.

quando foi inaugurado o curso de Língua e Cultura Nórdica Antiga no então Centro de Línguas – posteriormente Centro de Línguas e Interculturalidade – da UFPR, em Curitiba.[2] Inicialmente, as lições eram fornecidas separadamente aos alunos, constituídas de textos, notas de gramática, glossários e atividades. Desde então, muito desse material foi descartado, outro tanto foi reescrito, e uma parte considerável do que se tem aqui foi elaborada recentemente, já tendo como base os resultados colhidos da utilização das versões anteriores em salas de aula. Os sucessivos anos de aplicação deste material foram decisivos para a articulação interna dos tópicos gramaticais, seleção de alguns textos e montagem de algumas atividades.

Naquele ano de 2007 a premissa era fornecer tão-somente uma introdução rápida e abrangente ao idioma, bem como aspectos culturais (literatura, história, mitologia) a alunos brasileiros. Não havia previsão de continuidade. Contudo, devido à demanda pelo curso, um módulo 2 e, posteriormente, um módulo 3 foram ofertados. Aos poucos, com a formação de novos grupos, a estrutura do curso foi tomando forma, e a participação dos alunos foi apontando os resultados positivos e negativos na ordem de apresentação do conteúdo, o que me levava a fazer contínuos ajustes na sequência inicialmente planejada, até que o curso adquirisse a configuração que tem atualmente: três módulos semestrais para a apresentação do máximo possível de gramática, e um quarto módulo semestral destinado somente a leitura de textos e revisão gramatical. Os três volumes desta série *Lendo em Nórdico* cobrem, assim, o conteúdo nuclear de três semestres, mas, dependendo do uso que se fizer deles, o tempo pode ser estendido, com materiais e atividades complementares.

Existem livros de introdução ao nórdico em outras línguas, especialmente em inglês. Logo, caberia a pergunta: por que redigir do princípio um material didático, ao invés de traduzir algum já consagrado? A resposta é simples: as necessidades e as dificuldades de um falante de português ao estudar o nórdico são muito diferentes

---

[2] Este curso foi ministrado entre 2007 e 2017, com algumas interrupções. Mais recentemente, novas turmas foram formadas em outros espaços. Desde 2021, o curso tem sido ministrado *online* na plataforma https://www.academiadelinguaspr.com.br/nordicoantigo.

das de um falante de inglês, alemão ou alguma língua escandinava moderna. Por melhores que sejam alguns livros de introdução ao nórdico em inglês, limitar-se a traduzi-los para o nosso idioma deixaria de contemplar a necessidade fundamental de reflexão acerca do *contraste* entre o nórdico e o português. Um exemplo (dentre muitos) é o aspecto verbal no tempo pretérito, que exige uma atenção detida nos exercícios de tradução. O estudo de uma língua, especialmente quando ele se dá de modo mais reflexivo e analítico, é, queiramos ou não, contrastivo. Assim, busquei, após receber *feedbacks* dos alunos, organizar a sequência do conteúdo gramatical de modo a tornar o processo de aquisição da gramática básica mais rápido e voltado para a realidade do estudante brasileiro. Por que "rápido"?

Existe uma concepção bastante difundida no ensino de línguas estrangeiras de que a aquisição das estruturas gramaticais é um processo gradativo e linear, e assim, no caso de uma língua como o nórdico (que apresenta grande complexidade em sua morfologia e uma estrutura sintática bastante diferente da portuguesa) o ideal seria isolar pequenos tópicos gramaticais de forma progressiva. A minha experiência, corroborada pela prática e reforçada pelo diálogo com colegas professores e pesquisadores, conduziu-me a uma abordagem mais tradicional no estudo de línguas antigas: quanto antes o estudante adquirir a visão do todo, tanto melhor.[3] O processo, assim, não precisa ser visto como linear, mas sim como circular, ou melhor, espiralado.

É possível num tempo relativamente breve adquirir a visão do todo da gramática e periodicamente retomar as etapas mais básicas, para ampliar a visão de detalhes. Por exemplo: proponho estudar a flexão dos substantivos, concentrando a atenção primeiramente nas características mais comuns dos substantivos fortes e fracos. Sabe-se que em especial os substantivos fortes apresentam muitas

[3] Os autores do consagrado método de grego antigo *Reading Greek* (JACT. *Reading Greek*. Cambridge: Cambridge University Press, second edition 2007 [first edition 1978].) assim postulam no prefácio: Existe um critério, e apenas um, segundo o qual um curso para estudantes de uma língua não mais falada deve ser julgado: a eficiência e a rapidez com que ele os leva ao estágio de leitura de textos na língua original com precisão, compreensão e prazer (p. vii) – tradução minha.

irregularidades e podem ser analisados em subgrupos, de acordo com formação de plural, genitivo singular etc., ou dentro das declinações germânicas por tema. Mas não é preciso tornar essa complexidade um impedimento à leitura de textos e estudo dos quatro casos. Da mesma forma, é possível compreender a mecânica geral das conjugações verbais sem se deter de início em todas as minúcias. Numa etapa mais avançada do estudo, é possível (e mesmo imperatória) uma recapitulação de toda a morfologia, aí sim com atenção mais detida em detalhes. Nesse ponto, o estudante já terá adquirido algum vocabulário, já terá lido textos, já terá na memória diversas ocorrências de formas flexionadas, e a organização mental das flexões será mais natural (e até mesmo se beneficiará de uma dose de intuição). Isso tudo, claro, com uma premissa: almeja-se um domínio passivo, para leitura, e não se pode fugir à reflexão gramatical mais tradicional.

Os princípios gerais de apresentação das lições muito devem também à minha extensa experiência com estudo e ensino de grego antigo. A opção por isolar grandes conteúdos gramaticais em blocos, cada caso em uma unidade, tempos e modos verbais *idem*, teve como inspiração métodos de grego clássico consagrados em inglês com os quais pude ter um aprofundado contato.[4]

A proposta deste método, portanto, é fornecer o mais rapidamente possível a visão do todo da língua, numa apresentação que seja ao mesmo tempo acessível do ponto de vista didático e que não negligencie questões mais técnicas fundamentais. O material, em suas versões anteriores, não havia sido originalmente planejado para autodidatas, mas busquei neste livro fornecer o máximo possível de informações para que ele possa servir também ao estudo independente.

As unidades (com exceção da primeira) são compostas de uma leitura inicial seguida de um glossário com notas de leitura, gramática e, por fim, algumas atividades propostas. A ênfase deste método

[4] Dentre estes métodos de grego antigo, inspiraram-me em especial os livros: → Ruck, C. P. *Ancient Greek: A New Approach*. Cambridge & London: MIT, 1979; e → Hansen & Quinn. *Greek: An Intensive Course*. New York: Fordham University Press, 1978; secundariamente, em alguns aspectos, a obra citada na nota anterior (*Reading Greek*).

não se coloca sobre um aprendizado progressivo de vocabulário, mas sim de estruturas gramaticais. Não obstante, ao final de cada unidade há uma lista com algumas palavras essenciais que precisam ser memorizadas, para que haja um progresso contínuo na aquisição do léxico, e essas palavras serão gradativamente suprimidas dos glossários das leituras e atividades subsequentes. Ao final do livro encontra-se o glossário completo com o vocabulário de todas as leituras e exercícios, de modo que sempre será possível utilizá-lo para consulta e recapitulação.

Introdução geral ao estudo da língua nórdica

A importância da língua nórdica

O conhecimento do nórdico possibilita acesso direto a um *corpus* de excepcional valor. Trata-se de textos que têm qualidade literária e importância histórica singular, tanto por apresentarem, alguns deles, originalidade e méritos estéticos, quanto por serem obras de impacto no desenvolvimento da história da cultura[1]. Além disso, temos, neste conjunto de textos, fontes de indiscutível relevância para o estudo e a compreensão da história do norte da Europa. Tem-se observado no meio acadêmico brasileiro, em especial na área de História, um interesse crescente pelo universo literário e cultural da

[1] Jorge Luis Borges, por exemplo, foi um estudioso e admirador da literatura nórdica antiga. O grande autor argentino chegou a traduzir a primeira parte da Edda em prosa ("La alucinación de Gylfi"), além de ter dedicado um poema a Snorri Sturluson. Dentre outros importantes autores modernos que foram influenciados pelos textos nórdicos medievais, podemos citar o popular J. R. R. Tolkien, que tirou inspiração de sagas e Eddas ao elaborar seu universo ficcional, tendo sido também um *scholar* conhecedor do nórdico. Em suas criações, elaborou mesmo línguas imaginárias, e dentre seus modelos linguísticos o nórdico antigo ocupa um espaço importante.

Escandinávia Medieval, e para pesquisadores dessa área algum domínio instrumental do nórdico antigo é de grande importância.

Snorri Sturluson, por Christian Krohg.

Dentre as obras mais estimadas que compõem a literatura nórdica medieval, está a coletânea de poemas mitológicos e heroicos do *Codex Regius*, mais conhecida como *Edda poética* (o manuscrito data do séc. XIII, mas o conteúdo é mais antigo: muitos desses poemas foram preservados por tradição oral e sua origem pode ser pré-cristã); a *Edda* de Snorri Sturluson (1179–1241), chamada de *Edda em prosa*, obra de c. 1220 que contém relatos de mitos nórdicos; o enorme conjunto das sagas, textos em prosa de extensão e temática variadas, redigidos entre os séculos XII e XV, sendo o séc. XIII o período áureo; a poesia de corte, ou escáldica, praticada na Era Viking[2] e que foi preservada em manuscritos compilados posteriormente (inclusive dentro de muitas sagas).

[2] Por *Era Viking* entendemos convencionalmente o período entre o final do séc. VIII e a primeira metade do séc. XI, quando houve a mais marcante expansão dos povos nórdicos pelo Atlântico, época essa que coincide com a presença escandinava na Grã-Bretanha e Irlanda, formação e centralização dos reinos na Escandinávia e descoberta e colonização das terras no Atlântico norte: Ilhas Féroes, Islândia e Groenlândia. Na parte final da Era Viking deu-se a conversão dos nórdicos para o cristianismo, processo que ocorreu de forma paulatina e coincidiu com a centralização dos reinos. Note-se que o vocábulo *viking*, tão difundido no imaginário popular (e amiúde reforçado na literatura acadêmica popularizadora), jamais foi utilizado como um designativo étnico, e tal uso (uma fabricação moderna) deve ser evitado. O termo, cuja etimologia é debatida, designa comumente nos textos medievais um saqueador, um guerreiro inimigo, um pirata, e muitas vezes tem uma conotação negativa para os autores das sagas. Vemos inclusive heróis (nórdicos) lutando contra "vikings", mesmo que esses *vikings* tenham claramente outra origem étnica/linguística. Não utilizamos o termo *viking* para designar um "nórdico" da Era Viking em sentido genérico, e muito menos a sua língua, pois dizer "língua viking" é tão absurdo quanto seria designar a língua dos corsários ingleses por "língua corsária". A literatura nórdica de que nos ocupamos começou a ser redigida após o término da Era Viking. À Era Viking propriamente pertencem somente inscrições rúnicas.

Limitamo-nos acima a enumerar os expoentes mais notáveis, pois a produção textual em língua nórdica no Medievo não se resume a eles. E há, claro, as inscrições rúnicas da Era Viking, testemunhos de fases mais arcaicas do idioma escandinavo; se retrocedermos mais um pouco no tempo, acessamos as inscrições rúnicas mais antigas, ainda do período germânico comum.

Não é, contudo, apenas por permitir contato direto com textos, mas também por si só, do ponto de vista linguístico, que a língua nórdica desperta interesse: sendo o antepassado comum das modernas línguas escandinavas, e apresentando parentesco com as demais línguas germânicas (inglês, alemão etc.), qualquer pesquisador interessado em linguística histórica e etimologia das línguas germânicas terá na gramática do nórdico uma das referências basilares. No caso do inglês, pode-se dizer que o nórdico é uma das línguas que mais contribuíram para a formação de seu léxico, devido ao longo contato e convívio – nem sempre pacífico – entre os anglo-saxões e os escandinavos que colonizaram partes da Grã-Bretanha e Irlanda e por lá estiveram ao longo da Era Viking. Note-se que um conhecimento do nórdico medieval facilita, devido às semelhanças gramaticais e afinidade vocabular, o contato com outras línguas germânicas antigas e medievais: o gótico (este muito mais arcaico), o anglo-saxão, o antigo alto-alemão.

Mas o que exatamente entendemos por *nórdico*, ou *nórdico antigo*, como se costuma dizer? Trata-se de uma língua homogênea, falada num espaço delimitado e num período claramente determinado? A resposta não é unívoca. Antes de traçarmos um breve e esquemático panorama histórico, é necessário abordarmos o problema terminológico.

O que entendemos por nórdico (antigo)?

Como já dissemos, as famosas sagas e Eddas, textos de excepcional valor histórico e literário redigidos em sua maioria na Islândia, principalmente no séc. XIII, constituem, indubitavelmente, o grande foco de interesse no estudo da língua e da literatura escandinavas da Idade Média.

A língua em que esses textos foram escritos é designada, modernamente, pelo termo *norreno* ou (já bastante estabelecido pelo uso, conquanto um pouco vago) *nórdico antigo* – em inglês *Old Norse*, em alemão *Altnordisch*. Contudo, não há consenso quanto à designação mais apropriada, se quisermos ser precisos e fazer jus à periodização histórica: nórdico, nórdico antigo, islandês antigo, norreno, velho islandês, velho norueguês, islandês medieval etc. A língua das Eddas e da maior parte das sagas é, efetivamente, uma forma arcaica de islandês-norueguês (à época tratava-se ainda de uma mesma língua, como se verá), de modo que, em sentido estrito, poderíamos simplesmente chamá-la de *islandês* (pois é esta a língua nórdica moderna mais próxima da forma medieval, e, na verdade, a única que conserva integralmente o sistema flexional medieval e que teve uma continuidade literária até nossos dias, sem rupturas), deixando subentender que se trata de uma forma mais arcaica de islandês, diferente do islandês atual em uma série de aspectos, mas essencialmente a mesma língua. Os próprios islandeses referem-se à língua das sagas e das Eddas como *fornislenska*: "islandês antigo". Note-se que o grande dicionário de Cleasby & Vigfusson é intitulado simplesmente *An Icelandic-English Dictionary*, sendo que a língua por ele contemplada é o nórdico que nos propomos estudar aqui.

Nos textos medievais, encontramos as designações *dǫnsk tunga* (língua danesa, ou dinamarquesa) e *norrœna* (norueguês). No *Primeiro tratado de gramática*, obra islandesa anônima do séc. XII (não há uma datação precisa consensual, mas se pode situá-lo em algum momento entre 1125 e 1175), encontramos a seguinte referência:[3]

> Nv ma verða at því at nokkuʀʀ ſvarí ſva ek ma fvll vel leſa **danſka tvngv** þo að latínv ſtofvm re[t]tvm ſe ritað (...)
>
> Agora pode dar-se que alguém responda assim: "Eu posso ler a **língua danesa** [i.e. nórdica] completamente bem, mesmo que seja escrita com letras latinas corretas" (...)

[3] Benediktsson, 1972: 212.

Essa referência à "língua dinamarquesa" não deve ser entendida como uma menção à variante dinamarquesa do idioma nórdico, mas sim como um sinônimo de língua nórdica, a mesma usada na Islândia: havia a percepção por parte dos falantes do nórdico de que se tratava de uma língua comum. Outras menções à "língua dinamarquesa" se encontram com o mesmo sentido generalizante (como, por exemplo, na *Edda* de Snorri Sturluson – *Skáldskaparmál*, 43).

No prólogo da *Heimskringla*, por sua vez, encontramos o termo *norrœnt mál* ("língua norueguesa"):[4]

> Ari prestr inn fróði Þorgilsson Gellissonar ritaði fyrstr manna hér á landi at **norrœnu máli** frœði bæði forna ok nýja; (...)
>
> O padre Ari, o erudito, filho de Þorgils, filho de Gellir, foi o primeiro homem a escrever aqui na terra em **língua norueguesa** [i.e. nórdica] sabedoria tanto antiga quanto nova (...)

Nas sagas de islandeses também há o termo "língua norueguesa", com o mesmo sentido generalizante. Na *saga dos Groenlandeses*, um dos homens da expedição de Leifr Eiríksson, um alemão, acaba descobrindo parreiras em Vínland[5]; ao retornar para relatar a novidade, ele primeiro fala em alemão e, em seguida, em nórdico (*norrœna*, lit. norueguês):[6]

---

[4] Sturluson, 1911: 2.

[5] Perto do final do séc. X, Eiríkr, o Vermelho, partindo da Islândia, dá início à colonização nórdica da Groenlândia, povoada em dois locais, a chamada *Habitação Ocidental* (Vestribyggð) e a *Habitação Oriental* (Eystribyggð). Logo em seguida, seu filho Leifr, enviado como missionário do rei norueguês Óláfr Tryggvason (um dos grandes responsáveis pela conversão da Noruega e da Islândia, que se deu no ano 1000) para a Groenlândia, acidentalmente descobre terras mais a oeste, que sabemos hoje corresponderem à América do Norte, mais especificamente à costa leste do Canadá e nordeste dos EUA. Os nórdicos batizaram essas terras de Helluland ("Terra das Placas de Rocha", provavelmente atual Ilha de Baffin), Markland ("Terra da Floresta", provavelmente a costa do Labrador, no Canadá) e Vínland ("Terra das Parreiras", localização debatida, mas provavelmente algum lugar entre o extremo sudeste canadense e nordeste estado-unidense, na costa do Atlântico), e a história é relatada na *Saga de Eiríkr Vermelho* e na *Saga dos Groenlandeses*, conhecidas como *Sagas de Vínland.* No volume segundo desta série *Lendo em Nórdico* nos debruçaremos sobre passagens dessas sagas.

[6] Sveinsson & Þórðarson, 1935: 252.

> Hann talaði þá fyrst lengi á þýzku ok skaut marga vega augunum ok gretti sik, en þeir skilðu eigi, hvat er hann sagði. Hann mælti þá á **norrœnu**, er stund leið: (...)
>
> Ele falou então primeiramente por um longo tempo em alemão, e lançava olhares em muitas direções e fazia caretas, e eles não compreendiam o que ele dizia. Ele falou então em **norueguês** [i.e. nórdico], passado algum tempo: (...)

Note-se que a terminologia moderna não coincide com a maneira como os próprios nórdicos da Era Viking e do subsequente período literário referiam-se à sua língua. Com o emprego do termo *nórdico (antigo)* ou *norreno* (ao invés de *antigo islandês* ou *antigo norueguês*) salienta-se que se trata de uma língua relativamente comum e indiferenciada que se falava nos países nórdicos, evitando-se uma designação étnica restritiva; e, a despeito de a maior parte da literatura produzida em nórdico ser, efetivamente, uma literatura islandesa medieval, suas raízes e circulação, seus temas e público, enfim, sua natureza mesma, transcendem fronteiras de uma literatura "nacional" em sentido estrito, como entenderíamos o termo em tempos mais recentes. Além disso, adotando a designação mais abrangente e menos restritiva, incluem-se entre os objetos de estudo as inscrições rúnicas escandinavas e textos em outras variantes dialetais que não o islandês.

Assim, utilizamos o termo *nórdico* para designar, em sentido geral, o conjunto de dialetos e variantes que compreendiam o antigo escandinavo do leste (sueco e dinamarquês) e o antigo escandinavo do oeste (norueguês e islandês), durante a chamada Era Viking (séculos VIII-XI) e os três ou quatro séculos subsequentes, isto é, até perto do fim da Idade Média. E o estudo parte da forma "clássica", na qual também se concentra: o islandês do séc. XIII. Logo, trata-se de um sinônimo de antigo escandinavo (conjunto de dialetos), mas numa acepção mais restritiva, e na quase totalidade da prática, *nórdico* aqui é sinônimo de *islandês antigo* ou *islandês medieval*. Para evitar confusão, alertamos que utilizaremos o termo *nórdico* em sua acepção mais abrangente, mas fica subentendido que tratamos em especial da forma preservada na literatura, essencialmente islandesa. Quando for necessário fazer uma distinção mais clara, utilizaremos o termo *antigo escandinavo*, que engloba as demais variantes; e quando for necessário fazer uma observação mais restritiva, empregaremos o termo *islandês antigo*.

Nunca é demais salientar que o adjetivo "antigo", quando usado, é aplicado na sua acepção mais frouxa (: *referente a tempos mais antigos*), e não se deve com ele vincular esta língua à Antiguidade especificamente (donde nossa opção por suprimi-lo sempre que possível, pois, por mais difundido que seja em português, consideramos o seu uso uma imprecisão)[7]. Essa confusão, por vezes difusa entre não-especialistas, deve ser prontamente repelida. Trata-se, na verdade, de uma língua medieval. As sagas e as Eddas são quase contemporâneas da *Divina Comédia* (quando o *Codex Regius* da Edda poética foi manuscrito, Dante Alighieri já havia nascido), conquanto, indubitavelmente, contenham em si muitos elementos bastante arcaicos, tanto linguística quanto culturalmente. Os países nórdicos adotaram o cristianismo somente em torno da virada do primeiro para o segundo milênio (a Islândia no ano 1000). A literatura "nórdica antiga" tem, portanto, relação com a "antiguidade" germânica do norte, mas foi produzida e registrada em pergaminhos dentro de um contexto cristão medieval, fato que já foi (e por vezes continua sendo) retoricamente obscurecido, o que contribui para gerar uma falsa impressão de antiguidade e ancestralidade exacerbadas desse *corpus*. Essa literatura – ou ao menos grande parte dela – é tanto enraizada em tradições e memórias ancestrais pré-cristãs quanto, fundamentalmente,

[7] Note-se que em inglês é possível fazer uma distinção entre *ancient nordic* ou *norse* ("antigo nórdico") e *old norse* ("velho nórdico") – cf. Faarlund, 2008. Tais adjetivações dependem de definições prévias (ou *ad hoc*) e do arsenal de adjetivos que sejam capazes de nuançar significados em cada língua dada, e a problemática é sobremaneira complexa para ser resumida em uma breve nota. Por *nórdico antigo* entenderíamos idealmente o *antigo escandinavo comum*, ao passo que por *velho nórdico* poderíamos entender mais especificamente a variante clássica do idioma escandinavo, durante a Era Viking e nos séculos subsequentes dentro da Idade Média, isto é, a forma encontrada na grande literatura nórdica medieval. Na prática, contudo, por *nórdico antigo* costumamos dar a entender *nórdico medieval* (literário). Parece-nos mais conveniente usar o termo simples *nórdico* em sentido mais amplo. Quando falarmos de *islandês antigo*, naturalmente, qualquer associação com a Idade Antiga será absolutamente excluída, pois a Islândia inexiste enquanto conceito antes do final do séc. IX.

imersa no contexto letrado da cultura europeia cristã medieval. De fato, essa literatura, tal qual a conhecemos, não poderia ser concebida fora do contexto do letramento, e, além das obras que tanto interesse despertam por sua temática e vínculo com a antiguidade nórdica pré-cristã, o *corpus* é composto fundamentalmente por textos que tratam de temáticas ou períodos históricos pós-cristianização. Estamos diante de uma peculiar literatura vernácula medieval, mas que participa do contexto cultural medieval e nele está organicamente inserida, ainda que lhe seja marginal.

Delineamento histórico

O nórdico antigo, ou escandinavo antigo, é uma língua (ou, mais corretamente, um conjunto de variantes linguísticas) da família indo-europeia, ramo germânico. Trata-se, mais precisamente, do *germânico setentrional*, isto é, um dos três grandes grupos dialetais em que o antigo germânico desembocou no final da antiguidade, quando podemos já traçar fronteiras claras entre os três sub-ramos germânicos: o germânico setentrional, o germânico oriental e o germânico ocidental. O primeiro, como já dito, é representado pelo antigo escandinavo, que na Era Viking se diferenciará em nórdico do leste e nórdico do oeste; o segundo compreende o antigo gótico (extinto) e outras línguas praticamente não documentadas; o terceiro, o germânico ocidental, é o antepassado do alemão, do inglês e do holandês.

Diferentemente do que se verifica com as línguas clássicas, documentadas em épocas bastante remotas (o grego tem registros escritos já no II milênio a. C., sob a forma da escrita micênica conhecida como linear B, e o latim tem suas formas mais arcaicas documentadas no séc. VI a. C.), o antigo germânico tem registros escritos somente nos primeiros séculos d. C. com inscrições rúnicas, breves e insuficientes para a reconstrução plena de sua gramática. Assim, tudo o que diz respeito à proto-língua que deu origem às modernas línguas germânicas é objeto de abordagens especulativas e de reconstruções linguísticas, e não há consenso a respeito de cortes temporais quando nos referimos ao germânico comum ou mesmo pontos de ruptura no processo evolutivo. Não obstante, é possível dizer que entre c. 1000 a. C. e os primeiros séculos d. C. tenha existido uma língua germânica comum, que se fragmentou lentamente em grupos dialetais e variantes, com progressiva diferenciação, até a derradeira ruptura em línguas distintas.

As inscrições rúnicas mais antigas, do séc. II d. C., como dito acima, preservam uma língua germânica comum, mas nesse período já havia diversificação em grupos dialetais, por mais que eles não tivessem ainda se tornado línguas completamente diferenciadas (ao menos não a ponto de impedirem a comunicação). A maior parte das inscrições mais antigas se concentra na região da atual Dinamarca, mas não se limita a ela. As características mais proeminentes do ramo germânico e a suposta proto-língua (o antigo germânico comum) são assim reconstruídas essencialmente através do método comparativo, que toma como base os registros mais antigos das inscrições rúnicas e as diversas línguas germânicas documentadas através dos séculos. Entre estas, ocupa uma posição central o antigo gótico, que é a língua germânica mais antiga de que se tem uma documentação bastante extensa, com a tradução da bíblia de Úlfilas (Wulfila), do séc. IV.

A partir de quando exatamente podemos nos referir a uma língua escandinava suficientemente diferenciada das variantes germânicas ocidental e oriental é uma questão complexa, mas podemos situar o surgimento de um antigo escandinavo (com seus principais traços distintivos configurados) no séc. V ou VI aproximadamente. As inscrições rúnicas que temos desse período exibem uma língua bastante diferente daquela que encontraremos na literatura islandesa dos séculos XII e XIII, pois estamos aqui falando de sete ou oito séculos de evolução linguística e transformações (o mesmo tempo que separa o nórdico clássico das línguas nórdicas da atualidade). Portanto, podemos considerar o nórdico antigo (como sinônimo de antigo escandinavo) no sentido mais amplo possível como sendo o conjunto de variantes do sub-ramo germânico setentrional entre aproximadamente o séc. V e o séc. XV, o que não pode, em hipótese alguma, ser tomado como "uma" língua, mas sim como um conjunto de variantes, que apresenta maior uniformidade no início do recorte cronológico proposto e enorme heterogeneidade no final dele. O idioma nórdico anterior à Era Viking costuma ser denominado antigo escandinavo comum.

É durante a Era Viking (séculos VIII-XI) que o idioma escandinavo se divide em dois grupos dialetais principais – o nórdico oriental e o nórdico ocidental. As inscrições desta fase já mostram uma língua muito mais próxima daquela que encontramos nos poemas éddicos e escáldicos e nas sagas. A diferenciação entre nórdico ocidental e oriental acentua-se cada vez mais, de modo que, quando chegamos ao séc. XIII, período áureo da literatura islandesa medieval, as diferenças são já bastante nítidas – e bastou, em seguida, que se passassem mais dois séculos para ocorrer, antes do final da Idade Média, uma ruptura plena em línguas nórdicas distintas entre si.

O nórdico ocidental na Era Viking era basicamente a variante norueguesa, que foi levada à Islândia (segunda metade do séc. IX), às Ilhas Féroes (aproximadamente na mesma época) e à Groenlândia (final do séc. X) pelos colonizadores. Até o séc. XIII o islandês e o norueguês mantiveram-se praticamente idênticos, tanto que nas sagas islandesas não se fala em "língua islandesa", mas sim "língua norueguesa" (*norrœna*), como dissemos acima. Contudo, o norueguês continuou sofrendo modificações, de modo a afastar-se muito do islandês no séc. XIV, ao passo que o islandês sofreu poucas transformações nas flexões e no vocabulário. O nórdico oriental, por sua vez, compreendia o antigo dinamarquês e o antigo sueco (além do antigo gútnico, que pode ser visto como um ramo à parte dentro do nórdico oriental), variantes que até os séculos XII-XIII ainda eram próximas do nórdico ocidental, mas que rapidamente se afastaram muito deste. Assim, textos em sueco do séc. XIV, como a *Erikskrönikan*, já exibem uma língua bastante diversificada com relação ao nórdico ocidental. É questionável se um sueco e um islandês no séc. XIV poderiam mesmo conversar falando cada um em sua própria língua.

Em síntese, podemos dizer que entre os séculos V e VIII temos um nórdico antigo comum (antigo escandinavo comum ou nórdico arcaico); entre os séculos VIII e XI (Era Viking) surge a divisão entre nórdico oriental e nórdico ocidental, divisão esta que se acentua à medida que nos aproximamos do final do período; entre os séculos XII e XV (sendo o séc. XIII o áureo) temos o período literário, quando em especial o nórdico ocidental foi usado na redação e criação de um grande *corpus*.

Neste último período, começam a se configurar as línguas escandinavas modernas: o islandês, língua literária desde o séc. XII, mantém-se relativamente imutável nas suas características gramaticais, mas sofre muitas transformações fonéticas; o norueguês, o sueco e o dinamarquês sofrem grandes transformações tanto na gramática quanto na fonética; temos ainda o feroês, que permaneceu sem registros escritos antes do séc. XVIII, mas que se manteve bastante próximo do islandês. O feroês moderno é, dentre as línguas nórdicas, a segunda mais conservadora. Por questões políticas, o norueguês permaneceu séculos sob influência dinamarquesa, de modo que somente no séc. XIX, com o movimento nacionalista, surge o *nynorsk*, uma língua criada com base em aspectos mais conservadores de dialetos noruegueses, que propunha justamente uma espécie de renovação linguística, um "novo norueguês", que retomasse o vínculo com o nórdico medieval do período áureo de sua literatura. Não obstante, tanto o *nynorsk* quanto a variante de norueguês mais influenciada pelo dinamarquês, o *bokmål*, são bastante afastados do velho nórdico do período literário.

Assim, podemos hoje dividir as línguas nórdicas em dois grupos principais: de um lado temos as línguas nórdicas continentais (norueguês, sueco e dinamarquês), que são mais afastadas do nórdico antigo e bastante próximas entre si na estrutura gramatical e vocabulário, apesar de exibirem muitas diferenças fonéticas (em especial o dinamarquês possui uma fonética bastante diferente das demais); do outro lado temos as línguas nórdicas insulares (islandês e feroês), que são as mais conservadoras na gramática e no léxico. O feroês, apesar de conservador na gramática e no léxico, sofreu muitas transformações na fonética, de modo que não há inteligibilidade mútua entre islandeses e feroeses hoje, ao menos na oralidade; na escrita, porém, as duas línguas são bastante próximas, pois o feroês foi cultivado no séc. XIX com uma ortografia histórica que muito o aproximou do islandês.[8]

[8] Existe um mito de que o islandês é uma língua congelada no tempo, idêntica à "língua dos vikings". A questão não é simples, pois devemos em primeiro lugar observar

Runas

As inscrições rúnicas mais antigas de que temos notícia remontam ao séc. II d.C. Nesse período, ainda não podemos falar de "nórdico antigo" propriamente dito, e a língua que se encontra nesses primeiros registros representa ainda uma fase de desenvolvimento dos falares germânicos em que não houve diferenciação plena: considera-se, portanto, que sejam testemunhos ainda de um idioma germânico comum. Com o passar dos séculos, graças ao afastamento geográfico e evoluções linguísticas, os falares regionais vão tomando formas distintas. Assim, um par de séculos antes do início da Era Viking já podemos reconhecer uma variante nórdica mais arcaica, bastante diferenciada dos falares germânicos ocidental e oriental.

---

que o antigo escandinavo apresentava diferenças regionais e, ao longo da Era Viking e nos séculos que se seguiram a ela, acumulou transformações. Sendo assim, a língua falada por um Norueguês do séc. VIII ou IX certamente não era idêntica à língua que encontramos numa saga islandesa do séc. XIII, ainda que utilizemos, convencionalmente, o termo "nórdico antigo" para descrever ambas. Além disso, o islandês sofreu algumas transformações entre o séc. XIII e os dias de hoje, ainda que essas transformações pouco afetem o sistema flexional (conjugações de verbos e flexão nominal). A fonética islandesa passou por significativas alterações ao final da Idade Média; houve alterações na acepção de vocábulos; mudanças em alguns usos pronominais e aspectos sintáticos; um enorme acréscimo de neologismos que dão conta de expressar uma nova realidade. A relação que o islandês (e qualquer língua nórdica moderna) tem com o nórdico antigo do período literário deve ser comparada (em termos aproximativos, claro) com a relação que as línguas neolatinas apresentam com suas respectivas formas arcaicas medievais (como o francês de hoje em relação ao francês da *Chanson de Roland*, por exemplo), e não com a relação entre as línguas neolatinas e o latim ou entre o grego moderno e o grego clássico (estamos aqui falando de um intervalo cronológico muitíssimo maior!). Nesse contexto, o islandês é sim uma língua bastante conservadora, que acumulou relativamente poucas transformações, mas é em relação às demais línguas nórdicas que esse conservadorismo do islandês chama a atenção, pois o sueco, o norueguês e o dinamarquês (e em menor grau o feroês) sofreram uma quantidade enorme de mudanças, que os afastaram muito do nórdico do período literário. Um islandês de hoje, se transportado numa máquina do tempo, conseguiria conversar com um nórdico do séc. XIII? Talvez, com dificuldade. Conseguiria conversar com um nórdico da Era Viking? Dificilmente. A semelhança entre o islandês moderno e o nórdico antigo deve muito à cristalização de uma língua literária e constante cultivo e ininterrupta recepção daquelas obras medievais na Islândia.

Até a virada do séc. VII para o VIII, o alfabeto rúnico em uso na Escandinávia consistia de 24 letras. Trata-se da forma mais antiga documentada de escrita rúnica, conhecida como *fuþark*[9] *antigo* (inglês *elder* ou *older fuþark*). O nome original germânico de cada letra é reconstruído pelo método comparativo, e assim temos o seguinte alfabeto rúnico:[10]

letra	*transliteração*	*nome reconstruído*
ᚠ	**f**	*fehu
ᚢ	**u**	*ūruz
ᚦ	**þ**	?*þurisaz
ᚨ	**a**	*ansuz
ᚱ	**r**	*raiðō
ᚲ	**k**	?*kauna
ᚷ	**g**	*geƀō
ᚹ	**w**	*wunjō
ᚺ	**h**	*haȝalaz
ᚾ	**n**	*nauðiz
ᛁ	**i**	*īsaz
ᛃ	**j**	*jāra
ᛇ	**æ**	?*ī(h)waz
ᛈ	**p**	?*perþō
ᛉ	**z**	?*alȝiz
ᛊ	**s**	*sōwilō
ᛏ	**t**	*tīwaz
ᛒ	**b**	*berkana

[9] O nome *fuþark* surge da pronúncia das seis primeiras runas na sequência.

[10] Reproduzido de Barnes, 2012: 22.

ᛖ	e	*ehwaz
ᛗ	m	*mannaz
ᛚ	l	*laʒuz
ᛜ	ŋ	*ingwaz
ᛟ	o	*ōþala/*ōþila
ᛞ	d	*daʒaz

Um exemplo notável de inscrição rúnica que muitos linguistas consideram como sendo um espécime de nórdico arcaico é a famosa inscrição de um dos dois chifres de ouro de Gallehus, que trazia o seguinte texto:[11]

ekhlewagastiz:holtijaz:horna:tawido

Já foram propostas muitas análises deste breve texto, e modernamente a maioria dos runólogos adota a tradução "eu, Hlewagastiz, (filho) de Holti, fiz o chifre", como uma espécie de assinatura do artesão; pode-se também interpretá-lo como "consagrei o chifre". Há muita incerteza com relação à datação exata desta inscrição, seu propósito original e mesmo a finalidade do chifre. Por uma infelicidade histórica, o chifre que continha esta inscrição, junto com seu par, foi roubado e derretido por um ourives em 1802, na Dinamarca.

No séc. VIII os escandinavos promoveram mudanças no alfabeto rúnico, com a eliminação de várias runas e a transformação do traçado de algumas, de modo que, quando confrontamos as inscrições da Era Viking, encontramos normalmente 16 letras. Esta nova versão do alfabeto rúnico é chamada *fuþark novo* (em inglês *younger fuþark*). Diferentementemente do que se constata nas inscrições com o *fuþark antigo*, o *fuþark novo* apresentava uma enorme variação na forma das letras, de modo que uma padronização das runas desse

[11] Reproduzido de: Stephens, 1884: 85.

período serve apenas para facilitar a abordagem didática e editorial, mas não representa a realidade das inscrições. Além disso, deve-se observar que houve um período de transição entre o *fuþark* antigo e o *fuþark* novo, com diversas formas e gradativo abandono de algumas runas. Com base no chamado *fuþark novo* de traços longos, predominantemente em uso na Dinamarca durante a Era Viking, podemos sintetizar as runas no quadro abaixo:

letra	*transcrição*[12]	*nome em nórdico antigo*[13]
ᚠ	**f**	fé
ᚢ	**u**	úr
ᚦ	**þ**	þurs
ᚬ	**ã**	óss
ᚱ	**r**	reið
ᚴ	**k**	kaun
ᚼ	**h**	hagall
ᚾ	**n**	nauð
ᛁ	**i**	íss
ᛅ	**a**	ár
ᛋ	**s**	sól
ᛏ	**t**	Týr
ᛒ	**b**	bjarkan
ᛘ / ᛙ	**m**	maðr
ᛚ	**l**	lǫgr
ᛦ	**ʀ**	ýr

Comparando o *fuþark* novo com o velho, percebe-se de imediato que o conjunto de caracteres foi drasticamente reduzido e, por

[12] Barnes, 2012: 62.

[13] Nomes dados no poema das runas (Gordon, 1956: 154-155).

conseguinte, o número de sons que ele pode representar. Se o *fuþark* velho possuía as vogais ᚢ ᚨ ᛁ ᛇ ᛖ ᛟ (**u a i æ e o**) além da semivogal ᚹ (**w**), o alfabeto rúnico da Era Viking dispunha somente das vogais ᚢ ᚬ ᛁ ᛅ (**u ã i a**). Entretanto, essa profunda alteração não reflete uma equivalente redução no número de fonemas do sistema vocálico do idioma (o que pode ser inferido por diversos indícios linguísticos). O que ocorreu foi uma simplificação no sistema de representação dos fonemas vocálicos em questão: cada runa do *fuþark* novo poderia ser usada para representar mais de um som. A runa ᚢ (transliterada **u**), por exemplo, servia para representar não apenas o som [u], mas também [o], [y], [œ] e [w]. Do mesmo modo, ᛁ **i** poderia representar [e] ou [i]; ᛅ **a** poderia representar [a], [æ] ou [ɔ].

No que diz respeito às consoantes, a mesma aplicação multifuncional das runas ocorreu no *fuþark* novo. O *fuþark* antigo possuía runas específicas para as oclusivas sonoras e para seus pares surdos: ᚲ **k** ᚷ **g** ᛈ **p** ᛒ **b** ᛏ **t** ᛞ **d**. O *fuþark* novo, por sua vez, possuía apenas as runas ᚴ **k** ᛏ **t** ᛒ **b**, que serviam para representar tanto a consoante surda quanto seu respectivo par sonoro: ᚴ, mesmo sendo transliterado como **k**, podia representar [k] ou [g], além da fricativa [ɣ]; ᛏ **t** podia representar [t] ou [d]; ᛒ **b** podia representar [b] ou [p]. O som nasal [n]/[m] não costumava ser escrito antes dessas oclusivas, e assim elas também podiam representar, respectivamente, [ŋk]/[ŋg], [nt]/[nd] e [mp]/[mb]. A runa ᚦ **þ** podia representar a fricativa surda [θ] ou seu par sonoro [ð].

A transliteração das runas com caracteres latinos em negrito é uma convenção para a edição das inscrições, mas não é uma transcrição fonética. Como se pode perceber, compreender a fonética do antigo escandinavo da Era Viking com base nas inscrições rúnicas é uma tarefa muito complicada. Um vocábulo como *konungr* "rei" (forma islandesa clássica) surge numa inscrição da Era Viking como **kunukʀ**, mas a sua pronúncia devia ser *konuŋgʀ*.

Uma inscrição célebre que utiliza esta variante do *fuþark novo* é a pedra de Jelling, erigida pelo rei Haraldr Gormsson (reinou na segunda metade do séc. X) em homenagem a seu pai Gormr:[14]

[14] Edição da inscrição e transcrição de Michael Barnes, reproduzidas de: Faulkes, 2007: 225-226.

ᚼᛅᚱᛅᛚᛏᚱ:ᚴᚢᚾᚢᚴᛦ:ᛒᛅᚦ:ᚴᛅᚢᚱᚢᛅ
ᚴᚢᛒᛚ:ᚦᛅᚢᛋᛁ:ᛅᚠᛏ:ᚴᚢᚱᛘᚠᛅᚦᚢᚱᛋᛁᚾ
ᛅᚢᚴᛅᚠᛏ:ᚦᚭᚢᚱᚢᛁ:ᛘᚢᚦᚢᚱ:ᛋᛁᚾᛅ:ᛋᛅ
ᚼᛅᚱᛅᛚᛏᚱ[:]ᛁᛅᛋ:ᛋᚭᛦ•ᚢᛅᚾ•ᛏᛅᚾᛘᛅᚢᚱᚴ

ᛅᛚᛅ•ᛅᚢᚴ•ᚾᚢᚱᚢᛁᛅᚴ

•ᛅᚢᚴ•ᛏ(ᚭ)ᚾᛁ[•](ᚴᛅᚱᚦᛁ)[•]ᚴᚱᛁᛋᛏᚾᚭ

haraltr:kunukʀ:baþ:kaurua
kubl:þausi:aft:kurmfaþursin
aukaft:þãurui:muþur:sina:sa
haraltr[:]ias:sãʀ:uan:tanmaurk

ala:auk:nuruiak

:auk:t(ã)ni[:](karþi)[:]kristnã

A inscrição pode ser traduzida assim: *O rei Haraldr mandou erigir este monumento em homenagem a seu pai Gormr, e também à sua mãe Þórvi (Þyri). Aquele Haraldr que conquistou para si toda a Dinamarca e a Noruega, e que fez os dinamarqueses cristãos.*

O rei Haraldr (**haraltr kunukR**, em islandês antigo *Haraldr konungr*), apelidado *blátǫnn* ("dente-azul")[15], foi decisivo na conversão da Dinamarca, mas provavelmente nessa inscrição seu papel no processo de adoção do cristianismo pelos dinamarqueses seja um pouco exagerado. Haraldr aparece em diversas sagas, assim como *seu pai Gormr* (**kurmfaþursin**, em islandês antigo *Gorm fǫður sinn*) e *sua mãe Þórvi* (**þãurui:muþur:sina**, em islandês antigo *Þyri móður sína*).

A maior parte das pedras com inscrições rúnicas[16] remonta à fase final da Era Viking, e é mais comum esse tipo de epigrafia memorial em contextos cristãos do que pagãos. A Suécia concentra a maior parte das inscrições rúnicas da Era Viking, sendo que na Islândia elas são pouquíssimas.

O termo *runa,* no imaginário popular, evoca noções de magia, encantamento e divinação, e aqui é necessário fazermos uma advertência. É fato que as runas foram utilizadas em inscrições de caráter mágico, e que existem indícios que apontam para uma possível (não atestada) utilização delas em algum tipo de método divinatório (o que é altamente discutível). Os populares métodos divinatórios com runas professados em nossos dias são uma invenção moderna. As runas eram, na sua essência, uma escrita epigráfica, que foi aplicada em diversos contextos, na maioria puramente práticos. Tal associação da antiga escrita nórdica com paganismo e magia encontra-se já em algumas passagens da literatura nórdica clássica, mas não se pode perder de vista que textos redigidos e elaborados no séc. XIII oferecem-nos interpretações *a posteriori* do passado pré-cristão e constroem narrativas em que aquela ambientação torna-se um motivo

[15] A tecnologia sem fio *Bluetooth* recebeu seu nome como homenagem a este rei Haraldr, e o seu logotipo é a ligatura das runas ᚼ e ᛒ (**h** e **b**), iniciais de *Haraldr blátǫnn.*

[16] Note-se que tem sido comum em português a tradução do inglês *rune-stone* por "pedra rúnica". Tal tradução não nos parece adequada, e a ela preferimos "pedra com runas" ou "pedra com inscrição rúnica".

literário, repleto de *topoi* inclusive da tradição clássica e cristã, não sendo, pois, uma fonte das mais seguras.

Após a adoção do cristianismo, os nórdicos passaram a escrever também com o alfabeto latino, e assim, a partir do séc. XII, o nosso foco no estudo linguístico desloca-se das inscrições para as grandes obras redigidas em pergaminho, agora com o alfabeto que nos é mais familiar adaptado para o vernáculo setentrional. Manuscritos com letras rúnicas foram produzidos na Escandinávia Medieval, mas eles não são a regra, e sim a exceção: a cultura livresca nórdica serve-se exclusivamente do alfabeto latino[17].

O estudo das inscrições rúnicas da Era Viking pressupõe um domínio gramatical do nórdico, e assim nos debruçaremos sobre elas novamente no terceiro volume desta série. Deve-se observar que as runas continuaram em uso (cada vez mais restrito) na Escandinávia após o término da Era Viking (e, em algumas regiões, até tempos bastante recentes), mas sofreram, nos séculos subsequentes, novas adaptações. As inscrições rúnicas mais tardias apresentam caracteres modificados com relação ao *fuþark novo* que vimos acima.

Da oralidade para o letramento

O fato de ter existido a escrita rúnica entre os antigos escandinavos não nos leva necessariamente a crer que a sua cultura literária tenha sido marcada pelo letramento. Tudo indica que a escrita era praticada apenas em situações específicas, e que não existia, antes da adoção do alfabeto latino, uma tradição de redação de longos textos. A grande maioria das inscrições rúnicas é composta por frases curtas

[17] Certamente a fantástica obra de Jules Verne *Viagem ao centro da terra* contribuiu para moldar um imaginário moderno sobre a Islândia medieval. Nela, a misteriosa mensagem cifrada do personagem Arne Saknussem encontrada dentro de uma edição da *Heimskringla* de Snorri Sturluson guiou os heróis do romance adentro de uma cratera de um vulcão islandês para chegarem ao mundo perdido no subsolo, onde ainda viviam seres pré-históricos. Verne descreve-nos um vetusto exemplar dessa obra, escrito em antigo islandês com caracteres rúnicos – o que desempenha uma função dramática em seu texto, mas que não é historicamente embasado. Snorri escreveu a *Heimskringla* (assim como fizeram todos os demais escritores de sagas) com letras latinas, e uma edição ou cópia da *Heimskringla* com runas é inconcebível.

ou textos breves, de caráter variado, mas principalmente memorial e votivo. As runas eram primariamente uma escrita epigráfica. Não se pode conceber a redação de uma saga ou o registro escrito de longos poemas, como os da Edda poética, com runas gravadas numa pedra. E a própria natureza da poesia nórdica antiga que nos foi preservada em manuscritos medievais (estes já redigitos com o alfabeto latino num período mais tardio) é caracterizada por aspectos que remontam, direta ou indiretamente, a tradições orais. Mesmo nos casos em que encontramos poemas gravados com runas, não parece concebível que o autor tenha se debruçado sobre a pedra para criar seus versos com o suporte da escrita. O mais natural é supormos que o poema tenha sido elaborado verbalmente e depois lavrado.

Foi após a adoção do cristianismo e subsequente incorporação do mundo nórdico no contexto europeu medieval, marcado pelo letramento latino, o qual era substancialmente associado a escolas monacais e à Igreja, que passamos a ter uma *produção* de longos textos, redigidos agora com o alfabeto latino e em pergaminho. Temos aqui um período de transição: um mundo antigo transforma-se, conhecimentos e memórias ancestrais têm uma sobrevida e se amalgamam a novas cosmovisões, modelos discursivos e formas de preservação. Aquela "literatura" de cunho oral que era praticada em sua plenitude na Era Viking depara-se com a cultura do *livro*. Parte da tradição poética oral foi registrada por escrito, e temos assim a compilação da *Edda poética*, que bem pode ser vista como um repositório (certamente parcial) de um tesouro poético cujas raízes se encontram séculos antes da sua fixação por escrito;[18] e do mesmo modo a poesia de corte, a chamada *poesia escáldica*, que floresceu nas cortes dos reis escandinavos na Era Viking e, um par de séculos

[18] Note-se que não existem critérios totalmente seguros para datar os poemas éddicos. Por mais que seja muito plausível que parte considerável deles tenha origem em tradições orais pré-cristãs, o lapso temporal que separa essa fase mais antiga do momento de redação (séc. XIII) força-nos a admitir que, certamente, a forma em que eles nos foram legados deve muito a um processo de transmissão sobre o qual pouco (ou nada) conhecemos. Assim, afirmar que a Edda poética é uma coletânea de poemas religiosos pagãos é uma atribuição arbitrária – para não dizer falaciosa, em alguns casos. É mais prudente admitir que esses poemas conservam parcialmente elementos pré-cristãos, mas que atingiram sua forma em que os conhecemos após passarem por séculos de seleção, transmissão e mesmo reelaboração oral e quiçá escrita.

após a conversão da Islândia, tornava-se obscura e passava a ser domínio de poucos. Indício disso é que, justamente nesse período, Snorri Surluson, uma das figuras centrais das letras islandesas do séc. XIII, redigiu sua *Edda*, obra que tinha como objetivo preservar as narrativas mitológicas (matéria prima para a elaboração de imagens poéticas na tradição dos poetas de corte) e oferecer uma espécie de tratado de versificação.

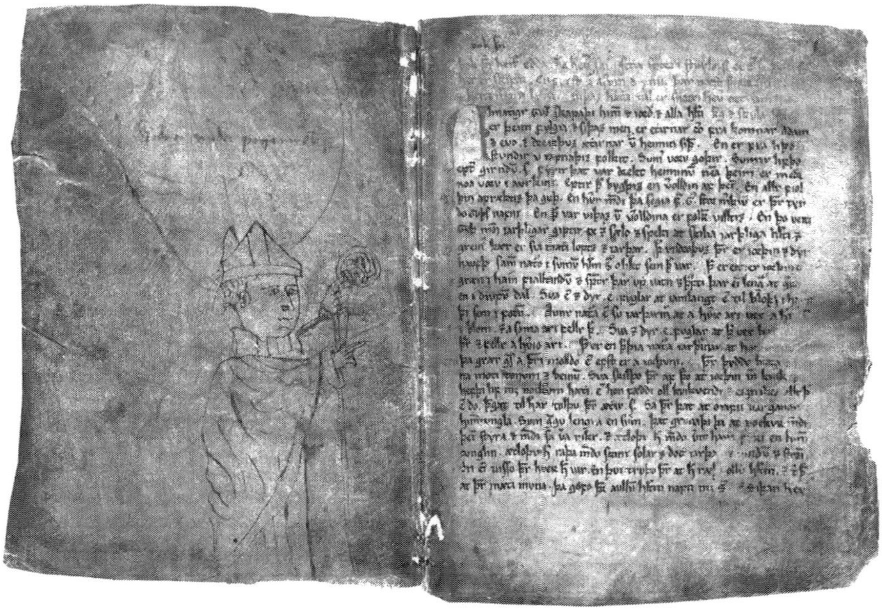

Início da Edda em prosa, página contendo o Prólogo. Manuscrito de Uppsala.

E mesmo as sagas – se não todas elas, ao menos uma parte considerável – tinham como fonte e possível origem tradições orais de narrativas de histórias. Outras sagas, é verdade, têm relação com a crônica medieval, e outras portam elementos do romance de cavalaria e das narrativas hagiográficas. Mas em seu cerne, no uso constante de fontes orais (muitas vezes explicitadas sob forma de menção ou citação), parte considerável do *corpus* prosaico nórdico, conquanto tenha sido fixado por escrito a partir do séc. XII, drena temas, modos expressivos e ideias de períodos mais antigos.

O nórdico, portanto, em sua forma clássica – tal qual o definimos de partida – constitui o ponto em que o novo ainda não suplantou totalmente o velho, mas antes, num equilíbrio propício às grandes criações da palavra, o velho educa o novo e o novo dá sustentáculo ao velho. O nórdico em sua forma clássica é a porta de entrada para um conjunto de variantes linguísticas que encontramos em textos medievais e inscrições rúnicas da Era Viking. Além disso, devido à fixação literária e à importância que a cultura das sagas e da poesia de corte tinha para a Islândia dos séculos de sua formação e anexação à coroa norueguesa, representa também o surgimento de um dos vernáculos mais antigos da Europa, e, sem sombra de dúvidas, da língua germânica moderna mais conservadora em sua gramática e léxico: o islandês.

Como se pode estudar o idioma nórdico

O nórdico, em sentido mais estrito, tal qual definimos, pode ser abordado de dois modos.

Pode-se encará-lo como uma forma arcaica de islandês, e assim começar pelo estudo regular do idioma islandês atual (para então retroceder no tempo, acessando gradativamente formas mais arcaicas); ou então se pode encará-lo como uma língua à parte (o que vulgarmente se chama "língua morta") e tomar atalhos para acessá-lo diretamente nos textos medievais que interessam. Isso não significa que não se possa, numa fase ulterior do estudo, avançar cronologicamente em direção ao islandês atual e, eventualmente, outras línguas escandinavas modernas.

Tanto uma quanto a outra abordagem têm vantagens e desvantagens, e a escolha deve ser tomada em vista das necessidades e dos objetivos de cada estudante. A minha opinião é de que o islandês moderno não deve ser ignorado se o objetivo é adquirir um domínio aprofundado do nórdico. Por outro lado, se o intuito é a aquisição de um conhecimento instrumental, que permita acesso aos textos medievais com auxílio de dicionários, traduções e gramáticas de referência, ocupar-se com o estudo de uma língua moderna é, obviamente, um fator complicador. Ao estudarmos uma língua moderna, deparamo-nos com inúmeros aspectos que não são necessariamente relevantes para a compreensão de textos literários (estudo de vocabulário em diversos campos semânticos, níveis de linguagem, prontidão de fala etc.) e vemo-nos diante da necessidade de exercitar as tradicionais quatro habilidades: compreensão escrita, produção escrita, compreensão auditiva e produção oral. Destas, interessa-nos essencialmente a primeira. Logo, quando o objetivo é atingir um domínio somente de leitura, podem-se tomar muitos atalhos no processo de estudo. Por outro lado, o processo de aprendizagem de uma língua viva envolve interação, e é difícil isolar a habilidade de leitura das demais; afinal, é necessário que se tenha internalizado parte suficiente da gramática e do léxico, o que não se dá de modo puramente passivo. Deste modo, a segunda abordagem deve ser acompanhada de *reflexão* e *análise*. Não nos parece prudente buscar uma intuição linguística para uma língua com a qual não temos vivência.

A primeira abordagem, por outro lado, isto é, aproximar-se do nórdico medieval através do islandês moderno, tem a vantagem de fornecer uma base sólida de domínio da morfologia e do léxico, a despeito de demandar muito mais energia e tempo. Mas mesmo aqui, deve-se salientar, a intuição adquirida pode ser capciosa. O islandês de hoje e o islandês do séc. XIII apresentam basicamente a mesma morfologia e o mesmo léxico nuclear, mas o domínio exclusivo do islandês moderno induzirá a erros na interpretação de formas medievais: além das poucas mudanças morfológicas (que são pontuais), houve transformações na sintaxe e no uso de tempos verbais; inúmeros vocábulos possuem uma acepção um pouco diferente no islandês das sagas e das Eddas se comparados ao uso corrente moderno.

A proposta aqui, como o próprio título do livro sugere, é oferecer uma introdução breve e abrangente ao nórdico, tratando-o como língua antiga. O estudante independente é, natualmente, livre para utilizá-lo como complemento a outros materiais, como revisão, como introdução. Para o estudo do islandês moderno (e outras línguas nórdicas contemporâneas), ofereço uma pequena seleção de títulos na bibliografia abaixo. Além das obras citadas, recomendo o curso *on-line* desenvolvido pela Universidade da Islândia.[19] Existem muitos outros recursos para o estudo das línguas nórdicas modernas, mas elencá-los excederia o escopo deste curso de introdução ao nórdico antigo.

Bibliografia comentada

São listadas neste item as principais obras utilizadas ou consultadas durante o processo de redação e revisão deste livro, mesmo que não citadas ou mencionadas diretamente ao longo da introdução ou das lições. Algumas das obras são consideradas fundamentais para referência, por isso julgamos mais apropriado separar os títulos por tópicos e adicionar comentários em alguns pontos oportunos.

Observação: com a finalidade de manter a uniformidade no padrão de citações, os patronímicos islandeses são tratados como sobrenomes, e com eles são feitas as entradas na bibliografia.

Dicionários de nórdico e islandês

ÁRNASON, Mörður (ed.). *Íslensk orðabók. Fjórða útgáfa byggð á 3. prentun frá 2005 með allnokkrum breytingum.* Reykjavík: Edda, 2007. O mais atual e completo dicionário de islandês publicado na Islândia; contempla o léxico islandês desde as principais obras medievais (Eddas e sagas) até o séc. XXI.

BAETKE, Walter. *Wörterbuch zur altnordischen Prosaliteratur.* Berlin: Akademie-Verlag, 1965. Dicionário de nórdico antigo para o alemão, com ênfase no vocabulário das obras em prosa.

CLEASBY, R. & VIGFUSSON, G. *An Icelandic-English Dictionary.* Oxford: Clarendon Press, 1874. Este é o dicionário de referência mais clássico e completo em inglês para a leitura da literatura islandesa medieval. A obra foi reeditada em 1962 com um suplemento de W. A. Craigie,

[19] https://icelandiconline.com/ (Acesso em julho de 2023.)

com muitas adições. Contudo, a versão original de 1874, em domínio público, pode ser facilmente obtida em formato digitalizado. https://archive.org/details/icelandicenglish00cleauoft/mode/2up (Acesso em julho de 2023.) Também online: https://old-norse.net/search.php (Acesso em julho de 2023.)

DE VRIES, Jan. *Altnordisches etymologisches Wörterbuch. (Zweite verbesserte Auflage).* Leiden: Brill, 1977. Segunda edição melhorada do dicionário etimológico de nórdico antigo, de Jan de Vries. Obra em alemão.

EGILSSON, Sveinbjörn. *Lexicon Poëticum Antiquæ Linguæ Septentrionalis.* Copenhague: Societas Regia Antiquariorum Septentrionalium, 1860. Obra clássica de referência sobre o vocabulário poético. A edição original é em latim. A segunda edição (Copenhague, 1931) foi feita em dinamarquês pelo eminente filólogo islandês Finnur Jónsson. Tanto a edição em latim quanto a versão dinamarquesa são facilmente encontradas digitalizadas.

FRITZNER, Johan. *Ordbog over det gamle norske sprog. Volumes 1-3.* Kristiania: 1867-1896. Até hoje o maior dicionário de nórdico antigo, em três volumes, feito em norueguês. Mesmo que de difícil consulta, é uma ferramenta útil por conter muitas citações de passagens literárias nos verbetes, contextualizando as ocorrências com inúmeros exemplos.

HÆGSTAD, Marius & TORP, Alf. *Gamalnorsk ordbok med nynorsk tyding.* Kristiania: Det Norske Samlaget, 1909. Um dicionário de nórdico antigo em norueguês.

UNIVERSITY OF COPENHAGEN. *Dictionary of Old Norse Prose.* https://onp.ku.dk/onp/onp.php (Acesso em julho de 2023*).* Dicionário de nórdico antigo desenvolvido pela Universidade de Copenhague. Excelente ferramenta, principalmente por apresentar variações ortográficas e situar ocorrências em textos e manuscritos.

ZOËGA, G. T. *A Concise Dictionary of Old Icelandic.* Oxford: Clarendon Press, 1910. O recurso mais popular e acessível no estudo do nórdico antigo. Trata-se de um dicionário relativamente breve, mas muito bem organizado, que contém o vocabulário necessário para ler os principais textos em prosa islandeses medievais. Por estar em domínio público, pode ser facilmente encontrado digitalizado. Existem reimpressões fac-similares recentes feitas pela editora Dover. https://archive.org/details/concisedictionar001857 (Acesso em julho de 2023.)

Gramáticas e métodos de nórdico

BARNES, M. *A New Introduction to Old Norse I. Grammar.* London: The Viking Society for Northern Research, 1999. Trata-se da gramática mais acessível e recomendada para o estudo do nórdico antigo. O texto está disponível em formato digital no *site* da *Viking Society for Northern research*: http://www.vsnrweb-publications.org.uk/NION-1.pdf (Acesso em julho de 2023.) Esta gramática é o volume um de uma série de 3 (o vol. 2 contém uma antologia de textos e o vol. 3 é um glossário para a leitura do vol. 2 – ver FAULKES abaixo).

BYOCK, J. *Viking Language 1. Learn Old Norse, Runes, and Icelandic Sagas.* S/L: Jules William Press, 2013. Apesar do título deselegante, trata-se de um material excelente. Contudo, não utiliza a ortografia normatizada para o nórdico antigo usual nos materias mais recentes. É um método pensado para autodidatas, e contém muitas informações de caráter histórico, cultural e literário.

FAARLUND, Jan Terje. *The Syntax of Old Norse. With a survey of the inflectional morphology and a complete bibliography.* Oxford: Oxford University Press, 2004.

FAULKES, Anthony (ed.). *A New Introduction to Old Norse. Part II. Reader. Fourth Edition.* London: Viking Society for Northern Research, 2007 ([1]2001). Volume 2 que complementa a gramática (vol. 1, ver BARNES acima). Contém também um capítulo com inscrições rúnicas. O texto está disponível em formato digital no *site* da *Viking Society for Northern research*: http://www.vsnrweb-publications.org.uk/NION%20II-2011.pdf (Acesso em julho de 2023.)

FAULKES, Anthony (ed.). *A New Introduction to Old Norse. Part III. Glossary and Index of Names. Fourth Edition.* London: Viking Society for Northern Research, 2007 ([1]2001). Volume 3 que complementa a gramática (vol. 1, ver BARNES acima) e o *Reader* (ver FAULKES acima). O texto está disponível em formato digital no *site* da *Viking Society for Northern research*: http://www.vsnrweb-publications.org.uk/Glossary%202011.pdf (Acesso em julho de 2023.)

GORDON, E. V. *An Introduction to Old Norse. Second Edition revised by A. R. Taylor.* Oxford: Oxford University Press, 1956. Por muito tempo foi o principal manual disponível em língua inglesa. Possui uma antologia de textos acompanhada de notas e glossário, e uma gramática essencial. Trata-se de um material de qualidade indiscutível, e altamente recomendável, mas que talvez seja de difícil uso para indivíduos sem algum domínio de terminologia gramatical e linguística.

HAUGEN, Odd Einar. *Grunnbok i norrønt språk.* Oslo: Ad Notam Gyldendal, 1995 ([1]1993). Excelente gramática de nórdico antigo do eminente linguista norueguês Odd Einar Haugen, em norueguês.

JÓNSSON, Finnur. *Grammatik for det islandske oldsprog.* København: G. E. C. Gads Forlag, 1925. Breve gramática de islandês antigo em dinamarquês.

NEDOMA, Robert. *Kleine Grammatik des Altisländischen.* Heidelberg: C. Winter, 2001. Pequena gramática de islandês antigo, em alemão.

NOREEN, Adolf. *Altnordische Grammatik 1. Altisländische und Altnorwegische Grammatik.* Halle: Verlag von Max Niemeyer, 1903. A mais clássica gramática de nórdico antigo, referência fundamental. O volume 1 contempla o antigo norueguês-islandês e o vol. 2 o antigo sueco. Note-se que Noreen adota uma convenção ortográfica diferente do que se constata na maioria das edições mais recentes e dos dicionários. Esta gramática é bastante tradicional e aborda muitas questões de linguística histórica, sendo, provavelmente, pouco útil para o iniciante. Texto facilmente encontrado digitalizado, por estar em domínio público: http://www.septentrionalia.net/etexts/noreen_altis.pdf (Acesso em julho de 2023.)

SCOVAZZI, Marco. *Grammatica dell'antico nordico.* Milano: Mursia, 1966. Breve gramática de nórdico antigo em italiano, com ênfase em questões de linguística histórica. Esta gramática pode ser lida como uma síntese da gramática de Noreen.

SWEET, H., M.A. *An Icelandic Primer.* Oxford: Clarendon Press, 1895. Apesar de se apresentar numa ortografia pouco usual, pode ser útil por conter uma boa seleção de textos com glossário. Texto facilmente encontrado digitalizado, por estar em domínio público.

VALFELLS, Sigrid & CATHEY, James E. *Old Icelandic. An Introductory Course.* Oxford: Oxford University Press, 1981.

Uma introdução bastante didática, porém lenta, ao islandês antigo. É um material muito indicado para autodidatas.

Runas

ANTONSEN, E. H. *A Concise Grammar of the Older Runic Inscriptions*. Tübingen: Max Niemeyer Verlag, 1975.

ANTONSEN, E. H. *Runes and Germanic Linguistics*. Berlin, New York: Mouton de Gruyter, 2002.

BARNES, M. *Runes. A Handbook.* Woodbridge: The Boydell Press, 2012. Trata-se do manual mais indicado a principiantes.

LARSSON, Patrick. *Runes.* IN: McTURK, Rory (ed.). *Blackwell Companion to Old Norse-Icelandic Literature and Culture.* Malden / Oxford / Victoria: Blackwell, 2005, pp. 403-426.

LOOIJENGA, Tineke. *Texts & Contexts of the Oldest Runic Inscriptions.* Leiden / Boston: Brill, 2003.

McLEOD, Mindy & MEES, Bernard. *Runic Amulets and Magic Objects.* Woodbridge: The Boydell Press, 2006. O problemático assunto do uso das runas em contextos mágicos é abordado neste livro de maneira sóbria e com rigor científico. Trata-se de uma referência fundamental, especialmente em vista da proliferação de publicações sem nenhum comprometimento com os fatos e documentos históricos que abordam as runas sob um viés místico e esotérico.

PAGE, R. I. *Runes (Reading the Past).* London: The British Museum Press, 1987.

STEPHENS, G. *A Handbook of the Old-Northern Runic Monuments of Scandinavia and England.* London, Edinburgh, Copenhagen: Thiele, 1884.

WILLIAMS, Henrik. *Runes.* BRINK, Stefan (ed.) & PRICE, Neil (ed.). *The Viking World.* London: Routledge, 2008, pp. 281-290.

Gramáticas e métodos de línguas nórdicas modernas

ALLAN, Robin; HOLMES, Philip; LUNDSKÆR-NIELSEN, Tom. *Danish. An Essential Grammar.* London / New York: Routledge, 1995 (edição original norueguesa: 1986).

ÁRNASON, Kristján. *The phonology of Icelandic and Faroese.* Oxford: Oxford University Press, 2011.

EINARSSON, Stefán. *Icelandic: grammar, texts, glossary.* Baltimore & London: The Johns Hopkins University Press, 1945. Apesar de defasado em diversos aspectos, este livro permanence sendo uma referência fundamental, devido à profundidade com que aborda a gramática do islandês. É um recurso essencial para quem deseja se aprofundar na língua.

HOLMES, Philip & HINCHLIFFE, Ian. *Swedish. An Essential Grammar. 2nd. Edition* London / New York: Routledge, 2008 ([1]1997).

LOCKWOOD, W. B. *An Introduction to Modern Faroese.* Tórshavn: Føroya Skúlabókagrunnur, 1977.

NEJMANN, Daisy L. *Colloquial Icelandic. A Complete Course for Beginners.* London / New York: Routledge, 2001. Um curso introdutório de islandês moderno, com diálogos, áudio, explicações gramaticais e atividades.

PETERSEN, Hjalmar & ADAMS, Jonathan. *Faroese. A Language Course for Beginners. Grammar.* Tórshavn: Stiðin, 2009.

STRANDSKOGEN, Åse-Berit & STRANDSKOGEN, Rolf. *Norwegian. An Essential Grammar.* London / New York: Routledge, 2000

SVAVARSDÓTTIR, Ásta & JÓNSDÓTTIR, Margrét. *Íslenska fyrir útlendinga. Kennslubók í málfræði. 3. útgáfa.* Reykjavík: Málvísindastofnun Háskóla Íslands, 2009 ([2]1998, [1]1988).

ÞRÁINSSON, Höskuldur. *Handbók um málfræði.* Reykjavík: Námsgagnastofnun, [2]2006 ([1]1995). Contém um dicionário de termos gramaticais em islandês e uma breve gramática da língua islandesa. Livro em islandês.

Linguística histórica, filologia germânica

BARNES, Michael. *Languages and ethnic groups*. IN: HELLE, Knut (ed.), *The Cambridge History of Scandinavia, vol. 1. Prehistory to 1520*. Cambridge: Cambridge University Press, 2003, pp. 94-102.

BARNES, Michael. *The Scandinavian Languages in the Viking Age*. IN: BRINK, Stefan (ed.) & PRICE, Neil (ed.). *The Viking World*. London: Routledge, 2008, pp. 274-280.

BUNSE, Heinrich A. W. *Iniciação à filologia germânica*. Porto Alegre: Editora da Universidade (Federal do Rio Grande do Sul), 1983. Apresenta uma visão panorâmica sobre o assunto, um raro recurso bibliográfico em língua portuguesa.

DURRELL, M. *Germanic Languages*. IN: BROWN, K. & OGILVIE, S. *Concise Encyclopedia of Languages of the World*. Oxford: Elsevier, 2009, pp. 447-449.

EYTHÓRSSON, T. *Norse and Icelandic*. IN: BROWN, K. & OGILVIE, S. *Concise Encyclopedia of Languages of the World*. Oxford: Elsevier, 2009, pp. 779-783.

FAARLUND, Jan Terje. *Ancient Nordic*. IN: WOODARD, R. D. *The Ancient Languages of Europe*. Cambridge: Cambridge University Press, 2008, pp. 215-229.

HAUGEN, Einar. *Danish, Norwegian and Swedish*. COMRIE, Bernard (ed.). *The World Major Languages*. Oxford: Oxford University Press, 1990. Pp. 157-179.

HAWKINS, John A. *Germanic Languages*. IN: COMRIE, Bernard (ed.). *The World Major Languages*. Oxford: Oxford University Press, 1990. Pp. 68-76.

KARLSSON, Stefán. *The Icelandic Language. Translated by Rory McTurk*. London: The Viking Society for Northern Research, University College London, 2004 (1a. ed. do texto islandês, 1989).

MEILLET, Antoine. *Caractères Généraux des Langues Germaniques*. Paris: Librairie Hachette, 1917.

ONESTI, Nicoletta Francovich. *Filologia germanica. Lingue e culture dei germani antichi. Nuova edizione*. Roma: Carocci editore, 2002.

RAMAT, Paolo. *Introduzione alla filologia germanica*. Bologna: Il Mulino, 1986.

SCARDIGLI, Pergiuseppe. *Filologia Germanica. Introduzione alla storia delle communità di lingua germanica*. Firenze: G. C. Sansoni Editore, 1964.

Edições de obras em nórdico citadas e utilizadas nas leituras e exercícios.

BENEDIKTSSON, Hreinn (ed.). *The first Grammatical Treatise. Introduction. Text. Notes. Translation. Vocabulary. Facsimiles*. Reykjavík: Institute of Nordic Linguistics, 1972.

BENEDIKTSSON, Jakob (ed.). *Íslenzk Fornrit I. Landnámabók. Íslendingabók*. Reykjavík: Hið Íslenzka Fornritafélag, 1986.

FINCH, R. G. (ed.) *The saga of the Volsungs*. London: Thomas Nelson, 1965.

JÓNSSON, Finnur (ed.). *De gamle Eddadigte*. København: Gads Forlag, 1932.

NORDAL, Sigurður (ed.). *Egils saga. Íslenzk Fornrit II*. Reykjavík: Hið Íslenzka Fornritafélag, 1933.

SIGURÐSSON, Gísli (ed.). *Eddukvæði*. Reykjavík: Mál og Menning, 1998.

SVEINSSON, Einar Ólafur (ed.). *Íslenzk Fornrit XII. Brennu-Njáls saga*. Reykjavík: Hið Íslenzka Fornritafélag, 1954.

SVEINSSON, E. & ÞÓRÐARSON, M. (ed.) *Eyrbyggja saga. Íslenzk Fornrit IV*. Reykjavík: Hið Íslenzka Fornritafélag, 1935. Republicado com apêndice em 1985.

SVEINSSON, Einar Ólafur. (ed.) *Laxdœla saga. Íslenzk Fornrit V*. Reykjavík: Hið Íslenzka Fornritafélag, 1934.

STURLUSON, Snorri. *Edda. Prologue and Gylfaginning (Edited by Anthony Faulkes). Second Edition*. London: Viking Society for Northern Research – University College London, 2005 (primeira edição: Oxford University Press, 1982).

STURLUSON, Snorri. *Heimskringla. Nóregs konunga sǫgur. Udgivet af Finnur Jónsson*. København: Gads Forlag, 1911.

Unidade 1

1.1. O alfabeto nórdico clássico

Modernamente, os textos nórdicos medievais costumam ser editados em livros com uma padronização ortográfica. Para o que podemos chamar de nórdico clássico, i.e., o islandês encontrado nas obras historiográficas do séc. XII e nas sagas e nas *Eddas* do século XIII, diferentemente do que se constata nos manuscritos, utiliza-se uma norma ortográfica convencional composta do seguinte alfabeto:

aábdðeéfghiíjklmnoóprstuúvxyýzþæœǫø
AÁBDÐEÉFGHIÍJKLMNOÓPRSTUÚVXYÝZÞÆŒǪØ

Este é o conjunto de caracteres usados pelas edições de textos islandeses medievais com a ortografia normatizada, na ordem costumeira em que aparecem nos dicionários e glossários (e com esta sequência são ordenados os glossários deste livro). Nesta convenção ortográfica encontram-se, por exemplo, as edições da série *Íslenzk Fornrit* e os manuais de Gordon e Barnes. É importante observar que as vogais com acento agudo constituem, para efeitos de ordenação em dicionários, letras à parte (conquanto não haja consenso absoluto quanto a isso). Preste atenção, quando encontrar textos ou palavras em itálico, para não confundir as letras **æ** e **œ** minúsculas; em algumas variantes tipográficas, as duas podem ser muito parecidas: æ → *æ*; œ → *œ*.

Há edições que não seguem fielmente esta convenção, utilizando assim as letras **c** e **q**, por exemplo; outras edições adotam um intermediário entre a grafia antiga normatizada e a ortografia islandesa moderna, deixando de lado o símbolo **œ** (substituído por **æ**) e grafando **ǫ** e **ø** como **ö**.[1] O uso de **ö** no lugar de **ǫ** e **ø** é bastante comum e justifica-se pelo fato de que já no século XIII esses dois sons se confundiam. Há casos, também, em que se encontra apenas a letra **ǫ** substituída por **ö**, como no dicionário de Zoëga (sendo assim mantido o contraste entre **ö** e **ø**).

Em algumas edições, há o emprego também de **ǫ́** e **ę** (sobre a pronúncia, ver a seguir). Além destas duas, outras letras especiais, como **ꜳ** (equivale a **aa**, na escrita normatizada **á**) e **ꜹ** (equivale a **av**, na grafia normatizada **au** ou **ǫ**), podem ser encontradas em edições que não seguem a ortografia convencional (edições diplomáticas). Não é necessário que o estudante se preocupe com isso no início, pois a multiplicidade de convenções ortográficas (e em alguns casos a falta de uma) será uma barreira vencida após um certo domínio de vocabulário e uma familiarização com as estruturas gramaticais. Neste primeiro volume, veremos apenas textos com a ortografia normatizada. Em etapas mais avançada do curso, incluiremos também alguns textos editados com outras convenções.

Há, por fim, edições que reproduzem os textos medievais com as normas ortográficas do islandês moderno (sobre o que diremos um pouco mais a seguir).[2]

---

[1] Neste caso, tem-se o seguinte alfabeto: **aábdðeéfghiíjklmnoóprstuúvxyýzþæö**

[2] Neste caso, as letras usadas são as mesmas do alfabeto exposto na nota anterior (sem **ǫ** e **œ**), com a relativamente recente eliminação de **z**. Contudo, a ortografia islandesa moderna exige algumas outras alterações, que afetam, por exemplo, certas vogais internas em palavras, letras finais e desinências, como *svá* (ant.) → *svo* (mod.); *maðr* (ant.) → *maður* (mod.); *ok* (ant.) → *og* (mod.), *annat* (ant.) → *annað* (mod.) etc. Para uma lista com as principais diferenças, ver Einarsson, 1945: xii.

1.2. Pronúncia medieval

Adotaremos de início uma pronúncia convencional que visa o islandês do séc. XIII. Ela facilitará o processo de aprendizagem, pois apresenta uma correspondência quase ideal entre letras e sons; além disso, regras de flexão serão mais bem compreendidas se observada a pronúncia original das vogais, pois os princípios fonéticos que subjazem às regras de metafonia (mutações vocálicas) ficarão assim mais claros.

É importante observar que não temos total certeza sobre a pronúncia medieval, e não há necessidade de um perfeccionismo exagerado na leitura. Os manuais por vezes divergem em alguns quesitos (como a pronúncia da vogal **á**, por exemplo), e para a pronúncia proposta neste livro seguimos principalmente as indicações de Barnes e Gordon[3] em seus respectivos manuais.

A reconstrução da fonética do islandês do séc. XIII é feita com base em vários indícios: em primeiro lugar, temos uma valiosa descrição da língua no *Primeiro Tratado de Gramática* do séc. XII; a fluidez ortográfica nos manuscritos oferece também muitas pistas sobre a pronúncia, pois muitas vezes os escritores e copistas medievais empregavam uma ortografia fonética; a evolução das palavras do antigo nórdico para as línguas nórdicas modernas também é um dado relevante na reconstrução da pronúncia medieval. As inscrições rúnicas, por outro lado, são uma fonte muito pobre para a reconstrução da fonética mais antiga, devido à natureza do *fuþark novo*, que, com apenas 16 runas, representava muitos sons com a mesma letra. É impossível termos uma ideia totalmente clara sobre todos os aspectos da fonética medieval.

O *Primeiro Tratado de Gramática* nos descreve sem margem para ambiguidade a existência de vogais nasais no islandês do séc. XII, mas não é comum a adoção da nasalização no estudo do nórdico: não sabemos exatamente como eram pronunciadas essas vogais, tampouco quando a nasalização deixou de existir (nenhuma língua

---

[3] Para uma descrição mais detalhada, ver: Gordon, 1956: 266-269; Barnes, 1999: 8-13. Contudo, desviamo-nos um pouco de algumas sugestões de Gordon.

nórdica moderna tem vogais nasais). Além disso, não temos outras fontes seguras sobre este traço fonético. Assim, os manuais e gramáticas costumam silenciar sobre este ponto, e aqui também deixaremos de lado a nasalização.

A pronúncia moderna do islandês é perfeitamente aplicável à leitura de textos em prosa medievais (cf. 1.3), e, num estágio mais avançado do curso, ela será também estudada e usada. Sua utilização numa etapa inicial pode dificultar a compreensão de aspectos da flexão nominal e verbal do nórdico.

Observação: para maior clareza e precisão, grafamos letras em negrito, e transcrição fonética entre colchetes com símbolos do alfabeto fonético internacional.

1.2.1. Vogais

As vogais **a**, **i** e **u** podem ser pronunciadas como em português (respectivamente [a], [i] e [u]). A vogal **e** pode ser aberta [ɛ] ou fechada [e]; em algumas edições, encontra-se **ę** para representar o som aberto breve [ɛ] (neste caso, a ortografia faz a distinção entre **e** [e] e **ę** [ɛ])[4]. A vogal **o** é fechada [o], como no português *ô*. A vogal **y** [y] pronuncia-se aproximadamente como o **u** francês (na palavra *tu*, por exemplo) ou o **ü** no alemão. Note que a letra **y** é uma vogal, não uma semivogal como em inglês. Com relação à vogal **a**, uma pronúncia talvez mais fiel ao seu som original seria [ɑ], como o **a** em *father*.

fara, sigr, um, ferr, koma, fyrr

As vogais **á**, **é**, **í**, **ó**, **ú** e **ý** representam os respectivos sons longos: [aː], [eː], [iː], [oː], [uː], [yː]. É importante observar que as vogais acentuadas devem ser encaradas como letras à parte. A vogal **á** provavelmente era mais fechada [ɑː], e alguns linguistas defendem que era pronunciada como [ɔː]. Algumas edições[5] guardam a distinção entre [aː] e [ɔː], utilizando assim **á** e **ǫ́**, mas já no século XIII (ou talvez

[4] É o caso da edição da Edda poética de Finnur Jónsson, da qual reproduzimos um excerto neste livro (Leitura adicional, Unidade 5).

[5] É o caso da edição mencionada na nota anterior.

antes mesmo) os dois sons convergiram, e assim normalmente a forma longa de **a** [a] e **ǫ** [ɔ] é representada por **á**.[6]

á, fé, Ísland, fóru, úlfr, fýssa

A letra **æ** (ligatura de **ae**) representa um som de *é* aberto e longo [æ:], (mais aberto do que o português *pé*), semelhante ao *a* em inglês em *cat*. Imagine um som intermediário entre **é** e **á**, e prolongado.

mæla

A letra **œ** (ligatura de **oe**) representa um som intermediário entre **o** e **e**, como no alemão **ö**, e sempre longo: [œ:]

œrit

A letra **ǫ** (*o ogonek* ou *o caudado*[7]) representa o som **o** aberto [ɔ], sempre breve.

sǫgu

---

[6] Com relação à vogal **á**, temos uma situação um pouco complexa. No séc. XIII, os sons longos [a:] e [ɔ:] se confundiram, e o que idealmente seria representado pela oposição **á** ≠ **ǫ́** passou a ser representado somente por **á** (frequentemente **ꜳ** em manuscritos). Como exatamente devemos pronunciar **á** no islandês do séc. XIII é algo sobre o qual alguns manuais divergem. A vogal **á** evoluiu foneticamente de maneira diferente no islandês e nas línguas escandinavas continentais: no islandês, ela se tornou um ditongo [aw] (salvo algumas palavras, em que gerou **o**), ao passo que no norueguês, dinamarquês e sueco gerou, na maioria dos casos, **å** (pronunciado como o). Haugen (um linguista norueguês), propõe a pronúncia do nórdico antigo **á** igual ao **å** do norueguês moderno ("som moderne norsk *å*" – Haugen, 1995: 24); Noreen considera **á** um "*a* longo e fechado" ("langes geschlossenes *a*" – Noreen, 1903: 30). A pronúncia de **á** depende também da convenção ortográfica (se **á** está em contraste com **ǫ́** ou não). Para facilitar o contato com a gramática, podemos pronunciar **á** como nos sugere Noreen: um **a** longo e fechado. Porém, devemos observar que o que ele entende por "fechado" provavelmente é "mais arredondado", mais próximo do *o*. É como Gordon sugere: [ɑ:], isto é, o **a** semelhante ao que temos no ingl. *father* ou no sueco *gata*. Tratando-se de uma pronúncia convencional, sobre a qual pairam dúvidas, podemos tomar algumas licenças, e assim parece perfeitamente lícito pronunciar **á** simplesmente como [a:].

[7] O termo *ogonek* (polonês "caudinha") designa o sinal diacrítico semelhante a uma cauda que se usa sob vogais em algumas línguas (nórdico antigo, polonês, lituano, entre outras). A letra **ǫ** em inglês é chamada de *hooked o* ("o" gancheado ou "o" com gancho), e propomos em português o termo *o caudado*, que nos parece mais apropriado e elegante.

A letra **ø** (o cortado) é como **œ**, porém breve: [œ][8]
gøra

1.2.2. Encontros de vogais

O encontro **au** é pronunciado [ɔw].
launa

O encontro **ei** é pronunciado com o **e** aberto [ɛi], assim como **ey** [ɛy].
geirr, ey

1.2.3. Consoantes

A letra **þ** (denominada *þorn*) tem o som [θ] do **th** inglês na palavra *think* ou do **θ** no grego *θεός* (pronúncia moderna e erasmiana).
þing

A letra **ð** (denominada *eð*) é o par sonoro de **þ**; tem o som do **th** inglês na palavra *mother* [ð] ou o **δ** no grego (pronúncia moderna).
móðir

Deve-se observar que a letra **ð** é mais rara nos manuscritos medievais, e algumas edições mais antigas não a utilizam (nesses casos, ela é substituída por **d** ou **þ**). No islandês antigo (e também no islandês moderno), os sons [θ] e [ð], representados respectivamente pelas letras **þ** e **ð**, são alofones: **þ** ocorre apenas em posição inicial de sílaba (pré-vocálico). Na ortografia normatizada, **þ** nunca aparece em final de palavra e **ð** nunca inicia palavra.

A letra **f** quando seguida de vogais, consoantes sonoras ou em final de palavra sonoriza-se, adquirindo o som [v]. Em algumas palavras,

[8] Tanto **ø** quanto **œ** são, historicamente, ligaturas de **oe**. Utiliza-se mais comumente **œ** para representar a vogal longa e **ø** para a breve (ver, contudo, convenções alternativas em 1.4.2).

desde que o encontro não seja resultado de junção de radicais, **fn** pode ter tido o valor fonético de [mn][9].

fara Frigg [f]
af ofan hǫfðingi [v]
nafn [namn]

O encontro **pt** pronuncia-se [ft].

aptr skipta

A letra **g** pode ser pronunciada como em português na palavra *gato* (mesmo antes de **e** e **i**): [g]; nunca como o **g** de *gente* em português. Possivelmente em algumas posições o **g** tinha um som fricativo (semelhante ao islandês moderno): [ɣ] sonoro, [x] surdo. Caso o estudante deseje aplicar a regra aproximada do islandês moderno na pronúncia do **g**, deverá pronunciá-lo como [ɣ] entre vogais ou após vogal e antes de consoante. Porém, entre uma vogal e **t**, o **g** produz uma fricativa surda [x] (por contaminação). A pronúncia de [ɣ] é similar ao **γ** na pronúncia grega moderna[10], e [x] é como o **ch** no alemão em *Achtung*.

gata [gata], saga [saɣa], sagða [saɣða] sagt [saxt]

Contudo, convencionalmente é possível pronunciar **g** sempre como [g].

A letra **h** sempre representa uma aspiração, independentemente de aparecer após outras consoantes. Assim, *skapharðr* deve ser

---

[9] Os manuais de nórdico não costumam entrar em grandes detalhes sobre esses aspectos da pronúncia antiga. Na pronúncia islandesa moderna, o encontro **fn** muitas vezes é pronunciado aproximadamente como [pn], e **fl** como [pl], desde que não resulte de junção imediata de radicais (a segmentação fonética neste caso é como se fossem palavras separadas). Assim, *nafn* é pronunciado [napn], mas *afnema* (af-nema) pronuncia-se [avnema]. Do mesmo modo, *afla* é pronunciado [apla], ao passo que *aflaga* (af-laga) deve ser lido [avlaɣa]. É provável que tal traço fonético já existisse no islandês do séc. XIII, e de fato encontramos em manuscritos variantes ortográficas que nos dão pistas sobre a pronúncia: *nafn* (forma padronizada) é frequentemente escrito *namn*, o que indica a assimilação do **f** ao **n**, que acabou por causar sua pronúncia nasal e posteriormente oclusiva. O encontro **fl** no islandês antigo talvez já tivesse as características modernas.

[10] O som não ocorre nas variantes padrão das línguas mais conhecidas.

pronunciado *skap-harðr* (e não “skafarðr”!), e o mesmo vale para **th**, **sh**, **lh**, **nh** etc.

A letra **j** é uma semivogal, como em alemão. É sempre como o **i** da palavra *ensaiar*, nunca como o **j** do português.

fjǫrðr

A letra **x** é pronunciada sempre como [ks], nunca como o **x** de *xilofone*.

A letra **z** tem o som *ts* [ʦ]. Historicamente, surge da junção de **ds**, **ðs** e **ts** (*íslenzkr*, formado a partir do radical *íslend-* com o sufixo *-skr*).

As consoantes **b d k l m n p r s t** podem ser pronunciadas como em português. Contudo, observe que **t** e **d** em português soam diferentes antes de **e** e **i**; isso não deve ocorrer na pronúncia do nórdico. As letras **t** e **d** devem ser pronunciadas sempre como em *tatu* e *dado*, respectivamente. A letra **s** em português adquire o som de *z* entre vogais: isso não deve ocorrer em nórdico. As letras **m** e **n** após vogais em português não são devidamente pronunciadas, servindo apenas para nasalizar a vogal precedente; em nórdico você deve pronunciar com clareza essas consoantes, mesmo após vogais. Do mesmo modo, o **l** pós-vocálico deve ser sempre pronunciado como **l** (em português temos a tendência de transformá-lo em semivogal, como em *alto*, o que não deve ocorrer em nórdico.)

A letra **v** pode ser pronunciada como em português, mas no séc. XII representava uma bilabial fricativa sonora [β], semelhante ao **b** em algumas variantes do espanhol, som que se desenvolvera a partir de uma semivogal mais antiga [w]. No séc. XIII passou a ser pronunciada como lábio-dental fricativa sonora [v]. O [w] original antes de alguns sons desapareceu, o que explica algumas irregularidades e mutações labiais sem causa aparente do ponto de vista sincrônico. Quando pertinente, indicaremos pontualmente alguns casos, mas deixaremos uma análise de questões históricas e fonológicas para etapas mais avançadas do curso.

Por fim, uma observação sobre o contraste entre surdas e sonoras: no islandês moderno, as consoantes **b, d** e **g** são ensurdecidas [b̥], [d̥] e [g̊], ou mais simplesmente (e aproximativamente) [p], [t] e [k], ao passo que as consoantes **p, t** e **k** são surdas e aspiradas [pʰ], [tʰ], [kʰ]. Como não temos total certeza sobre a realização desses fonemas no islandês antigo, podemos simplesmente pronunciar os pares **b/p**, **d/t** e **g/k** como sonoras e surdas, sem maiores preocupações. Contudo, é possível que o ensurdecimento das oclusivas sonoras já existisse no islandês medieval, bem como a aspiração dos seus pares surdos.

Consoantes dobradas devem ser pronunciadas dobradas (com mais ênfase no caso de oclusivas, ou prolongadas, no caso de líquidas, nasais e fricativas). Tal fenômeno podemos verificar na pronúncia do italiano contemporâneo.

1.2.4. Acentuação

A sílaba tônica é sempre a primeira do radical; em palavras compostas, as tônicas dos radicais que compõem o vocábulo permanecem como subtônicas. Lembre-se: o acento agudo no islandês antigo nada tem a ver com a tônica da palavra, ele somente indica que a vogal é longa.

1.2.5. Prosódia e entonação

Este é o aspecto mais difícil de ser inferido acerca da pronúncia de uma língua antiga. Uma vez que não há registros sonoros, não se pode saber ao certo como soava o antigo nórdico. Obviamente, havia diferenças regionais, e a pronúncia do nórdico do séc. VIII certamente era diferente da pronúncia do séc. XIII. As inscrições rúnicas são uma fonte muito pobre de informações sobre a fonética. É possível que o nórdico tenha tido alguma forma de acento tonal, o que se verifica no sueco e norueguês de nossos dias; o dinamarquês, o feroês e o islandês, por outro lado, não apresentam acento tonal. Para o estudo do nórdico dentro do que definimos e propusemos na introdução deste livro, julgamos desnecessária uma preocupação excessiva com a pronúncia. Não obstante, é de suma importância respeitar a pronúncia adequada do alfabeto para que se verbalizem com coerência e um mínimo de correção as palavras escritas. Quando se domina o islandês moderno, é natural que se projetem aspectos da fonética do islandês de nossos dias na leitura do islandês antigo; inclusive, como já dissemos, é possível ler os textos nórdicos clássicos editados com a ortografia atualizada, como se fossem textos em islandês. Em caráter ilustrativo, forneceremos uma visão esquemática da pronúncia islandesa atual.

1.3. Escrita e pronúncia do islandês moderno

Dada a similaridade entre o nórdico do séc. XIII e o islandês falado hoje, e também pelo fácil acesso a textos islandeses medievais editados segundo as normas ortográficas modernas (em edições escolares comentadas, em html),[11] julgamos conveniente apresentar algumas informações acerca da escrita e da pronúncia contemporâneas. O objetivo aqui não é oferecer uma descrição completa da fonética islandesa moderna, apenas um guia com seus traços distintivos mais importantes.[12]

[11] Deve-se observar que um texto islandês medieval editado com a ortografia moderna não é sinônimo de uma tradução para o islandês moderno. A prática comum na Islândia é facilitar o acesso ao texto medieval por meio de uma atualização ortográfica, o que em nada afeta a estrutura sintática do texto nem o vocabulário. Ocasionalmente, algumas pontuais e insignificantes alterações morfológicas são promovidas (como regularização de alguma desinência flexional), e tal prática, quando realizada, costuma ser exposta na introdução da edição em questão. Sendo assim, quando se fala em "edição islandesa moderna" o que se tem é substancialmente o texto original medieval. Isso não significa dizer que a língua islandesa contemporânea seja idêntica à medieval: o leitor islandês de nossos dias tem acesso aos textos medievais assim como nós podemos ler textos em português mais antigo (e o fazemos, muitas vezes, também por meio de edições que atualizam a ortografia), com auxílio de notas e glossários, e, no caso da poesia escáldica, de paráfrases. Traduções propriamente ditas do islandês antigo para o islandês moderno não são costumeiras, mas, teoricamente, seriam possíveis.

[12] Para uma apresentação da pronúncia islandesa moderna, com áudio, ver Nejmann, 2001. Ver também: Einarsson, 1949: 1-31; Þráinsson, 2006: 181-193. Para um estudo aprofundado, ver Árnason, 2011.

O alfabeto é o mesmo, com a eliminação da letra **œ**, modernamente sempre grafada **æ**, e com a fusão dos símbolos **ǫ** e **ø** em **ö**. A letra **æ** tem o som /ai/, a letra **ö** é aproximadamente como no alemão (como o antigo **ø**) [œ]. Por exemplo, a palavra *œpa* é escrita hoje *œpa* /aip^{h}a/; as palavras *sǫgur* /sɔgur/ e *øx* /œks/ são hoje escritas *sögur* /sœːɣyr/ e *öx* /œks/.

Na fonologia do islandês medieval, o acento agudo sobre as vogais convencionalmente indica quando elas são longas. Este traço sofreu uma drástica alteração na evolução fonética do idioma. No islandês moderno, as vogais acentuadas não são necessariamente longas ou breves, e sim fonemas distintos, muitas vezes ditongos. O islandês possui distinção entre breves e longas de modo semelhante ao alemão: uma vogal seguida de consoante simples é longa, seguida de consoante dupla é breve. Cada vogal acentuada evoluiu de modo peculiar do islandês medieval para o moderno.

As vogais acentuadas **á** e **ó** são pronunciadas como ditongos, respectivamente /aw/ e /ow/.

A vogal acentuada **é** também se tornou um ditongo, pronuncia-se /je/.

A letra **y** é pronunciada como a letra **i**, ao passo que a letra **u** (não acentuada) adquiriu o som arredondado [y], como o **u** francês e o **ü** alemão. As letras **y** e **i** não acentuadas são pronunciadas como o **i** da palavra inglesa *bit* [ɪ] (um som entre o *i* e o *e*).

As letras acentuadas **í** e **ý** são pronunciadas como o **i** do português [i].

A letra **ú** acentuada tem o som de u do português [u].

A letra **z**, que passou a ser pronunciada como o **s**, foi eliminada do alfabeto na década de 1970. Como historicamente surge muitas vezes de fusões (*kvezk*, de *kveð-sk*), a eliminação da letra **z** em alguns casos resulta na utilização do dígrafo original: *kveðst* (note aqui a desinência –st, que é a forma moderna de –sk).

Consoantes oclusivas surdas dobradas (kk, pp, tt) são pronunciadas com uma pré-aspiração quando antecedidas por vogal: **kk** /^{h}k/, **pp** /^{h}p/ **tt** /^{h}t/.

Alguns encontros também têm pré-aspiração, como **pl pn tl tn kl kn** quando precedidos de vogais. A consoante **l** quando dobrada é pronunciada aproximadamente como *tl* (mas em alguns casos é lateralizada, e em outros casos, quando temos uma palavra composta e o encontro **ll** é fruto da junção de dois radicais, não é pronunciado como *tl*). Princípio similar afeta o encontro **nn**, que pode ser pronunciado aproximadamente como *tn* em algumas posições. Essa inserção do som de **t** ambém ocorre normalmente em **rl** e **rn** (pronunciados como "rtl" "rtn") e, menos comum, **sl** e **sn**. Esses traços fonéticos, porém, muitas vezes dependem da segmentação da palavra ou do contexto fonético, o que torna sua descrição uma tarefa um pouco exaustiva, e não cabe neste livro abordar todos os casos particulares, sob pena de alongarmos desmesuradamente esta apresentação e desviarmos o foco de nosso objeto: o nórdico em sua variante islandesa dos séculos XII e XIII.

Para verificar a pronúncia de vocábulos islandeses modernos, pode-se consultar o dicionário da língua islandesa contemporânea (*Íslensk nútímamáls orðabók*) da Fundação Árni Magnússon, disponível online[13]. Basta clicar em *framburður* ("pronúncia") no início de cada verbete para ouvir uma gravação com a pronúncia.

1.4. Quadros sinópticos de letras e sons

1.4.1. Nórdico (islandês) normatizado

Letra	*Pronúncia islandesa medieval (séc. XIII)*	*Exemplo aproximado*
A a	[a]	como em português *arte*
Á á	[aː] (ou [ɑː] ou [ɔː])	como em português *a_arte* (pronuncia-se longo, aa)

[13] https://islenskordabok.arnastofnun.is/ (Acesso em julho de 2023.)

B b	[b]	como em português *bola*
D d	[d]	como em português *dado*
Đ ð	[ð]	como em inglês *mother* ou no grego (moderno) *λάδι*
E e	[e] e [ɛ]	como em português *pê* ou *pé*
É é	[eː]	como em português *pê*, mas longo (êê)
F f	[f] e [v] ([m])	como em português *filho*; antes de vogais, consoantes sonoras e em final de palavra, como **v**; antes de **n** em algumas palavras como [m]
G g	[g] e [ɣ]/[x]	como em português *gato*; em algumas posições, poderia ter som fricativo (como no islandês moderno)
H h	[h]	sempre aspirado, em qualquer posição, como no inglês *hat*
I i	[i]	como em português *pira*
Í í	[iː]	como em português *pira*, porém longo (ii)
J j	[j]	como o *i* em português em *ensaiar*
K k	[k]	como o *c* em português em *casa*
L l	[l]	como em português *lua*; mesmo após vogal, mantém-se o som *l* (não como em português alto, que se torna [awtu])
M m	[m]	como em português *meu*
N n	[n]	como em português *nada*
O o	[o]	como em português *todo*
Ó ó	[oː]	como em português *todo*, porém longo (ôô)
P p	[p] ([f])	como em português *porta*; antes de **t** como **f**.
R r	[r]	como em português *aro*, porém mais forte (trinado), especialmente quando pós-vocálico

S s	[s]	como em português *sou*, mesmo entre vogais
T t	[t]	como em português *tudo*, nunca como *tinha (tch)*
U u	[u]	como em português *tudo*
Ú ú	[uː]	como em português *tudo*, porém longo (uu)
V v	[v]	como em português em *vida*
X x	[ks]	como em português em *oxigênio* (nunca como em *xadrez*)
Y y	[y]	como em francês *tu*; como em alemão *über*
Ý ý	[yː]	como em francês *tu*; como em alemão *über*, porém sempre longo (üü)
Z z	[ʦ]	como em *pizza* (=ts)
Þ þ	[θ]	como em inglês *think* ou no grego (pronúncia erasmiana e moderna) *θεός*
Æ æ	[æː]	como o *a* em inglês *cat*, porém longo (mais aberto que o português *é*)
Œ œ	[œː]	como em alemão *Österreich*, porém longo (öö)
Ǫ ǫ	[ɔ]	como em português *pó*
Ø ø	[œ]	como em alemão *Österreich*

1.4.2. Outras letras e ligaturas usadas em edições de textos nórdicos

Além dos caracteres utilizados nos textos editados com a ortografia padronizada, muitos outros símbolos e ligaturas podem ser encontrados em edições que lançam mão de outras convenções ou que reproduzem a ortografia do manuscrito. Não pretendemos aqui fornecer uma lista completa, limitando-nos a alguns casos muito frequentes:

Símbolo	*Observações*
ꜳ	É a ligatura de **aa**, comum em edições diplomáticas; nas edições normatizadas, é substituída por **á**.
ꜷ	Frequente em edições diplomáticas, é a ligatura de **av** (**au**), que nas edições normatizadas é substituída por **au** e **ǫ**.
ę	Algumas edições usam esta letra para representar o **e** breve aberto [ɛ], em oposição ao **e** fechado breve [e]; tem-se assim o contraste entre **e** [e] e **ę** [ɛ].
ǫ́	Algumas edições representam a vogal longa [ɔː] por meio deste símbolo, que é basicamente a forma longa da breve **ǫ** [ɔ]; nos textos normatizados a vogal **á** representa tanto [aː] quanto [ɔː].
ǿ	Em algumas convenções, usa-se no lugar de **œ** para representar o som arredondado longo [œː].
ö	Em algumas convenções, utiliza-se 1) no lugar de **ǫ**; 2) no lugar de **ǫ** e **ø**. No primeiro caso, pode ser pronunciado como [œ] (pronúncia islandesa moderna) ou [ɔ] (pronúncia antiga, como **ǫ**); no segundo caso, deve-se ler **ö** como [œ] (pronúncia islandesa moderna).

Exercícios

1. Tente localizar os seguintes nomes de lugares no mapa. Escreva o número correspondente ao lado de cada nome. Você encontrará os nomes no glossário geral ao final do livro.

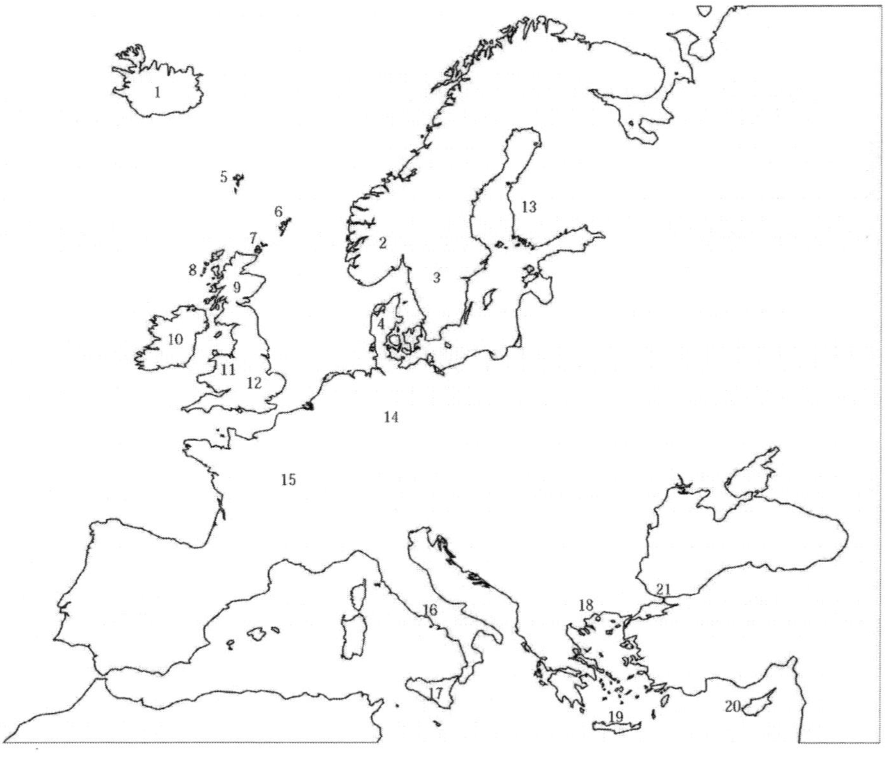

a. Bretland	l. Krít
b. Danmǫrk	m. Miklagarðr
c. England	n. Norvegr / Nóregr
d. Finland	o. Orkneyjar
e. Frakkland	p. Rómaborg
f. Færeyjar	q. Saxland
g. Grikkland	r. Sikiley

h. Hjaltland
i. Írland
j. Ísland
k. Kípr
s. Skotland
t. Suðreyjar
u. Svíþjóð

2. Faça como no exercício anterior. Neste mapa estão assinalados alguns locais descritos nas sagas de Vínland, que tratam da colonização da Groenlândia e descoberta de terras no continente americano.

a. Ísland
b. Grœnland
c. Nóregr
d. Eystribyggð
e. Vestribyggð
f. Helluland
g. Markland
h. Vínland

3. Se você sabe inglês, poderá identificar muitas palavras em nórdico com base em semelhanças que se devem à origem comum entre as duas línguas. Tente relacionar os cognatos. Note-se que nem sempre os cognatos apresentam significado totalmente equivalente, pois com o afastamento de séculos os radicais adquiriram significados específicos em cada língua em alguns casos.

nórdico	*inglês*
1. skjǫldr	a. ash
2. skip	b. gold
3. øx	c. give
4. gefa	d. shield
5. gull	e. ship
6. askr	f. axe

nórdico	*inglês*
1. faðir	a. sister
2. móðir	b. daughter
3. systir	c. father
4. bróðir	d. brother
5. sonr	e. mother
6. dóttir	f. son

nórdico	*inglês*
1. þar	a. well
2. sverð	b. land
3. blóð	c. blood
4. vel	d. god
5. land	e. there
6. goð	f. sword

nórdico	*inglês*
1. tré	a. ride
2. ríða	b. worm
3. góðr	c. wolf
4. úlfr	d. tree
5. orð	e. word
6. ormr	f. good

4. Veja dois trechos do *Libellus Islandorum* (*Íslendingabók*), de Ari Þorgilsson (1067-1148). Leia em voz alta, sem se preocupar com o significado. Você consegue identificar nomes próprios? O que mais você identifica no texto?

O rei Haraldr, o de Belos Cabelos. Manuscrito Flateyjarbók (séc. XIV)

A Islândia foi colonizada primeiro a partir da Noruega, nos dias de Haraldr, o de Belos Cabelos[14], filho de Hálfdan, o Negro, naquele tempo – segundo estimativa e cálculo de meu pai de criação Teitr, filho do bispo Ísleifr e o mais sábio homem que conheci, e de meu tio paterno Þorkell Gellisson, que se lembrava de coisas de tempos longínquos, e de Þóríðr, filha de Snorri, o *goði*, a qual era sábia em muitas coisas e bem informada acerca de relatos verdadeiros – em que Ívarr, filho de Ragnarr Loðbrók, mandou matar Eadmund o Santo, rei dos Anglos; e isto se deu 870 invernos depois do nascimento de Cristo, conforme está escrito na saga dele [Eadmund].

Um homem norueguês chamava-se Ingólfr, o qual, segundo o que se conta com veracidade, teria primeiramente viajado de lá [Noruega] à Islândia, quando Haraldr, o de Belos Cabelos, contava dezesseis invernos de idade, e, uma segunda vez, alguns invernos mais tarde; ele habitou no sul em Reykjarvík. (...)

Naquela época, a Islândia era coberta por florestas entre a orla do mar e as montanhas. Estavam então aqui homens cristãos, que os nórdicos chamam *papar*, mas eles se foram em seguida embora, pois não quiseram permanecer aqui junto

[14] Haraldr inn hárfagri (c. 850–c.932), i.e. "o de Belos Cabelos", foi um importante rei norueguês, o primeiro a unificar a Noruega. Segundo as sagas islandesas, foi durante o seu reinado que teve início a colonização da Islândia, grandemente devida ao fato (ainda de acordo com as sagas) de que poderosos chefes noruegueses recusaram-se a curvar-se diante do rei Haraldr, optando assim por emigrar e desbravar a recém descoberta Islândia.

com homens pagãos, e deixaram para trás livros irlandeses e sinos e báculos; a partir disso pôde-se inferir que eles eram homens irlandeses.

E então muita gente passou a se mudar da Noruega para cá. (...)

Ísland byggðisk fyrst ýr Norvegi á dǫgum Haralds ens Hárfagra, Hálfdanarssonar ens Svarta, í þann tíð – at ætlun ok tǫlu þeira Teits fóstra míns, þess mans es ek kunna spakastan, sonar Ísleifs byskups, ok Þorkels fǫðurbróður míns Gellisonar, er langt munði fram; ok Þóríðar Snorradóttur goða, es bæði var margspǫk ok óljúgfróð, – es Ívarr Ragnarssonr loðbrókar lét drepa Eadmund enn helga Englakonung; en þat vas sjau tegum <vetra> ens níunda hundraðs eptir burð Krists, at því es ritit es í sǫgu hans.

Ingólfr hét maðr norrœnn, es sannliga es sagt at fœri fyrst þaðan til Íslands, þá es Haraldr inn hárfagri vas sextán vetra gamall, en í annat sinn fám vetrum síðarr; hann byggði suðr í Reykjarvík. (...)

Í þann tíð vas Ísland viði vaxit í miðli fjalls ok fjǫru. Þá váru hér menn kristnir þeir es Norðmenn kalla papa, en þeir fóru síðan á braut, af því at þeir vildu eigi vesa hér við heiðna menn, ok létu eptir bœkr írskar ok bjǫllur ok bagla; af því mátti skilja, at þeir váru menn írskir.

En þá varð fǫr manna mikil mjǫk út hingat ýr Norvegi (...).

(...)

A terra que é chamada de Groenlândia foi descoberta e colonizada a partir da Islândia. Eiríkr, o Vermelho, chamava-se um homem de Breiðafjǫrðr [parte ocidental da Islândia], e zarpou daqui até lá, onde tomou para si uma terra que depois passou a ser chamada Eiríksfjǫrðr. Ele batizou a terra, chamando-a de Grœnland ["Terra Verde"], e declarou que o fato de a terra ter um bom nome compeliria muitos homens a se mudarem para ela. Acharam lá habitações humanas tanto na parte leste quanto oeste da terra, e pedaços de botes e utensílios de pedra, a partir do que é possível inferir que aquele mesmo tipo de povo que povoara Vínland havia ido até lá, povo este que os groenlandeses chamam de *Skrælingar*. E isso se deu, quando ele começou a povoar a terra, quatorze ou quinze invernos antes de o cristianismo chegar aqui à Islândia[15], de acordo com o que um homem que acompanhara Eiríkr Vermelho até lá contou para Þorkell Gellisson na Groenlândia.

[15] A Islândia se converteu para o cristianismo no ano 1000, durante o reinado de Óláfr Tryggvason.

Land þat, es kallat es Grœnland, fannsk ok byggðisk af Íslandi. Eiríkr enn rauði hét maðr breiðfirzkr, es fór út heðan þangat ok nam þar land, es síðan es kallaðr Eiríksfjǫrðr. Hann gaf nafn landinu ok kallaði Grœnland ok kvað menn þat myndu fýsa þangat farar, at landit ætti nafn gott. Þeir fundu þar mannavistir bæði austr ok vestr á landi ok keiplabrot ok steinsmíði þat es af því má skilja, at þar hafði þess konar þjóð farit, es Vínland hefir byggt ok Grœnlendingar kalla Skrælinga. En þat vas, es hann tók byggva landit, fjórtán vetrum eða fimmtán fyrr en kristni kvæmi hér á Ísland, at því es sá talði fyrir Þorkeli Gellissyni á Grœnlandi, es sjálfr fylgði Eiríki enum rauða út.

5. Após ler o capítulo introdutório e as atividades anteriores nesta Unidade, você consegue relacionar os nomes próprios da coluna da esquerda ao que se diz sobre eles na coluna da direita?

1. Leifr Eiríksson	a. fann Reykjarvík
2. Óláfr Tryggvason	b. móðir Haralds Gormssonar Danakonungs
3. Eiríkr inn rauði	c. samdi Íslendingabók
4. Freydís Eiríksdóttir	d. Nóregskonungr, kom kristni í Nóreg ok á Ísland
5. Snorri Sturluson	e. systir Leifs Eiríkssonar
6. Ari Þorgilsson	f. faðir Leifs, fann Grœnland
7. Þyri	g. fann Vínland
8. Ingólfr	h. samdi Eddu

Não se preocupe em entender cada palavra, busque ideias centrais e palavras-chave. Algumas palavras se apresentam flexionadas, mas você conseguirá reconhecê-las.

Unidade 2

Leitura: Os Æsir (baseado em passagens da Edda em prosa)

Óðinn er faðir allra goða.
Frigg er kona Óðins.
Þórr er sonr Óðins. Hann er mikill ok sterkr.
Baldr er fagr ok bjartr. Hann er sonr Óðins.
Týr er vitr. Hann er einhendr Ása.
Freyja er fǫgr. Hon er systir Freys.
Freyr er ágætasti af Ásum.
Freyr ok Freyja eru Vanir. Þau eru bǫrn Njarðar.
Njǫrðr er auðigr ok fésæll.
Loki er illr. Fenrisúlfr ok Miðgarðsormr eru bǫrn hans. Þeir eru grimmligir.

Estatueta de Eyrarland, Islândia, frequentemente interpretada como representando o deus Þórr.

Glossário

af : de (prep.)
allra goða : de todos os deuses
auðigr : rico
ágætasti : o mais nobre, o mais excelente
Ása : dos deuses Æsir
Ásum : forma flexionada de Æsir || *af ásum* dos Æsir
Baldr : nome próprio
bjartr : brilhante, reluzente
bǫrn : filhos, crianças (plural de *barn*, "criança")
einhendr : maneta, de uma mão só
er : é (verbo *ser/estar* na terceira pessoa do singular, pres. ind.)
eru : são (verbo *ser/estar* na terceira pessoa do plural, pres. ind.)
faðir : pai
fagr : belo
Fenrisúlfr : o Lobo Fenrir
fésæll : rico, próspero
Freys : de Freyr (forma flexionada)
Frigg : nome próprio
fǫgr : bela (feminino de *fagr*)
grimmligir : aterrorizantes, assustadores
hann : ele
hans : dele
illr : mau
kona : mulher
Loki : nome próprio
Miðgarðsormr : a Serpente de Miðgarðr
mikill : grande
Njarðar : de Njǫrðr (forma flexionada)
Njǫrðr : nome próprio
ok : (1) conj. e || (2) adv. também
Óðinn : nome próprio
Óðins : de Óðinn (forma flexionada)
sonr : filho
sterkr : forte
systir : irmã
Týr : nome próprio
Vanir : os deuses vanir
vitr : sábio
þau : eles (n. pl.)
þeir : eles (m. pl.)
Þórr : nome próprio
Æsir : os deuses Æsir

Gramática

2.1. Pronomes pessoais no nominativo

Há em nórdico, como em português, pronomes pessoais do caso reto (quando o pronome é sujeito do verbo) e pronomes oblíquos, de primeira, segunda e terceira pessoas, singular e plural. Por ora, atenhamo-nos aos pronomes do caso reto, ou seja, no caso nominativo (*eu, tu, ele/ela* etc.):

terceira pessoa	*sing.*	*pl.*
m.	**hann**	**þeir**
f.	**hon**	**þær**
n.	**þat**	**þau**

Além das formas de singular e plural, os pronomes de 1ª e 2ª pessoa apresentam também uma forma dual:

	sing.	*dual*	*pl.*
primeira pessoa	**ek**	**vit**	**vér**
segunda pessoa	**þú**	**þit (it)**	**þér (ér)**

Os pronomes de primeira e segunda pessoa flexionam-se em número e caso (falaremos dos casos nas Unidades subsequentes), e os de terceira pessoa flexionam-se em gênero, número e caso.

Os pronomes pessoais substituem nomes na frase, e devem concordar em gênero e número com os substantivos dos quais ocupam o lugar:

Þórr (m. sing.) er sonr Óðins. **Hann** (m. sing.) er mikill ok sterkr.
Þórr é filho de Óðinn. **Ele** é grande e forte.

Aqui o pronome *hann* retoma o nome *Þórr.*

Quando temos um conjunto de dois nomes que envolve masculino e feminino, a forma do pronome que substituirá os nomes no plural costuma ser o neutro:

Freyr ok Freyja (m. sing. e f. sing.) eru Vanir. **Þau** (n. pl.) eru bǫrn Njarðar.

Freyr e Freyja são Vanir. **Eles** são filhos de Njǫrðr.

O pronome *þau* retoma Freyr e Freyja. Nesses casos em português utilizamos o masculino plural, pois não existe gênero neutro em nossa língua.

Sobre os gêneros dos substantivos veremos mais a seguir.

Os pronomes de segunda pessoa dual e plural possuem formas alternativas; entre parênteses estão as formas mais antigas, sem a consoante **þ**.

A diferença entre o dual e o plural é que o dual designa sempre um número de dois, o plural mais de dois; assim, *vit* significa "nós dois", ao passo que *vér* significa apenas "nós", sem importar o número (mais de dois). Os pronomes plurais *vér* e *þér* podiam também ser usados com o sentido de plural majestático.

As formas de terceira pessoa plural nos três gêneros (em todos os casos) e de neutro singular (nominativo e acusativo) do pronome pessoal são idênticas às respectivas formas do pronome demonstrativo *sá* (aquele). Assim, *þeir*, *þær*, *þau*, *þat* significam *eles, elas* etc. e *aqueles, aquelas, aquele/aquilo*. Veremos mais detalhadamente o demonstrativo em 6.6. Por ora, basta guardar esta primeira informação, e as ocorrências que não puderem ser inferidas pelo contexto serão indicados pontualmente nos próximos glossários.

2.2. O verbo *vera* no presente do indicativo

O verbo *vera* é um dos mais importantes verbos nórdicos; além de significar "ser", "estar", "existir", é um verbo auxiliar muito frequente. Como na maior parte das línguas, o verbo *ser-estar* também em nórdico é irregular. Veja as suas formas no presente do indicativo (i. e., *sou, és, é* etc.):

ek	**em**
þú	**ert**
hann, hon, þat	**er**

vit, vér	**erum**
þit, þér	**eruð**
þeir, þær, þau	**eru**

Algumas observações:

Existe uma forma mais arcaica com a consoante **s** no lugar de **r**: *vesa, es* etc.

Para os pronomes no dual não há formas verbais específicas; servem sempre as formas de plural.

Agora se pode entender melhor como surgiram as formas de segunda pessoa dual e plural *þit* e *þér* a partir das mais arcaicas *it* e *ér*: a posposição do pronome a formas verbais conjugadas causou historicamente uma análise de segmentação segundo a qual a consoante fricativa línguo-dental /ð/ foi tomada como parte do pronome: *eruð it / eruð ér* (eruðit, eruðér) geraram *eruð þit / eruð þér*. Lembre-se de que [ð] e [θ] são alofones, e a distinção entre **þ** e **ð** existe na ortografia convencional, normatizada modernamente.

Os infinitivos (de presente) dos verbos nórdicos são em -a.

Para negar o verbo, utiliza-se a partícula *eigi* (não). Também pode ser usado o pronome *ekki* (nada) como advérbio de negação enfática.

2.3. Gêneros gramaticais

Existem três gêneros gramaticais em nórdico: masculino, feminino e neutro. Isso significa que há substantivos masculinos (como *askr, "freixo"*), femininos (como *hǫll, "salão"*) e neutros (como *sverð, "espada"*); significa, também, que os adjetivos, pronomes, artigos etc. flexionam-se de acordo com o gênero da palavra com que concordam.

É importante ressaltar que *gênero gramatical* é uma noção arbitrária da língua, e não há sempre um vínculo direto do gênero da palavra com o sexo do ser que ela designa ou com a condição ontológica deste (se é um ser animado ou inanimado). Há substantivos masculinos que designam seres inanimados (*skjǫldr* m. "escudo") ou que podem servir para qualificar um ser do sexo feminino (*læknir* m. "médico", também significando "médica"); há substantivos femininos que podem servir para designar um ser do sexo masculino (*hetja* f. "herói"); e há, por fim, substantivos neutros que designam seres animados e sexuados (*barn* n. "criança"). Verifica-se uma correlação parcial (e não sempre previsível, tampouco necessária) na língua entre gênero gramatical e gênero natural (sexo). Ao aprender uma palavra nova, você precisa memorizar o gênero gramatical dela. Aos poucos, as terminações estudadas lhe serão de grande auxílio para isso.

Antes de estudarmos os diversos tipos (ou declinações) de substantivos, i. e., grupos e subgrupos de palavras que apresentam comportamento similar em seus paradigmas de flexão, limitemo-nos a reconhecer alguns substantivos masculinos, femininos e neutros (busque o significado deles no glossário ao final do livro):

masculino		*feminino*		*neutro*	
singular	*plural*	*singular*	*plural*	*singular*	*plural*
maðr	**menn**	**kona**	**konur**	**land**	**lǫnd**
hestr	**hestar**	**bók**	**bœkr**	**sverð**	**sverð**
jǫtunn	**jǫtnar**	**ey**	**eyjar**	**skip**	**skip**
konungr	**konungar**	**hǫll**	**hallir**	**goð**	**goð**
bróðir	**brœðr**	**vǫlva**	**vǫlur**	**auga**	**augu**
Áss	**Æsir**	**jǫrð**	**jarðir**	**barn**	**bǫrn**

Não é sempre possível deduzir o plural de um substantivo somente conhecendo a sua forma de singular. Aos poucos você verá alguns padrões.

Para os adjetivos, por outro lado, existe um padrão de flexão muito mais previsível. Veja alguns adjetivos frequentes e tente deduzir quais são esses padrões:

masculino		*feminino*		*neutro*	
singular	*plural*	*singular*	*plural*	*singular*	*plural*
sterkr	**sterkir**	**sterk**	**sterkar**	**sterkt**	**sterk**
fagr	**fagrir**	**fǫgr**	**fagrar**	**fagrt**	**fǫgr**
margr	**margir**	**mǫrg**	**margar**	**mar(g)t**	**mǫrg**
mikill	**miklir**	**mikil**	**miklar**	**mikit**	**mikil**
bjartr	**bjartir**	**bjǫrt**	**bjartar**	**bjart**	**bjǫrt**
ungr	**ungir**	**ung**	**ungar**	**ungt**	**ung**
vitr	**vitrir**	**vitr**	**vitrar**	**vitrt**	**vitr**

Note a similaridade entre as formas de feminino singular e neutro plural.

2.4. Mudanças nas vogais e síncope

Olhando para as formas flexionadas nos quadros do item anterior, você pode notar que algumas palavras apresentam alterações nas vogais dentro do radical (*bróðir–brœðr*, *barn–bǫrn* etc.). Essas alterações serão estudadas na Unidade 4 (cf. 4.2), e por enquanto tente apenas memorizar umas poucas ocorrências, sem se preocupar com as regras que subjazem a elas. Além dessas mudanças de vogais, dão-se também algumas acomodações fonéticas, pois o acréscimo de certas desinências pode causar encontros instáveis, que historicamente desaparecem por meio de alguma assimilação. Na próxima Unidade analisaremos as desinências de nominativo, e algumas dessas questões ficarão mais claras. Outro fenômeno fonético que devemos observar aqui é a síncope, e dele trataremos de partida.

Síncope, no idioma nórdico, é a eliminação de uma vogal átona na última sílaba do radical diante do acréscimo de uma desinência que possui uma vogal – lembre-se de que a sílaba tônica é sempre a primeira do radical (cf. 1.2.5). O substantivo *jǫtunn* pode ser analisado deste modo: o radical é *jǫtun-*, e a desinência de nominativo singular é *-r*, que, assimilada pelo **n** final do radical, gera a terminação *-n*. Temos, portanto, o nominativo singular *jǫtun-n*. A desinência de plural neste substantivo é *-ar*. Acrescentando a desinência *-ar* sobre o radical *jǫtun-* teríamos a forma **jǫtun-ar*. Mas note que o radical dissilábico possui uma vogal átona (u) antes de uma desinência que possui vogal (a). Isso faz com que a vogal **u** seja eliminada, gerando a forma sincopada *jǫtnar*. Este fenômeno é recorrente e você tornará a vê-lo nas próximas Unidades.

2.5. O artigo definido

O artigo definido nórdico costuma aparecer como um sufixo: *maðrinn* (o homem). Pode também aparecer como uma palavra separada, em casos como *Eiríkr inn rauði (Eiríkr, o vermelho)*. Em sua forma independente, pode apresentar a consoante *h* ou não.

	masculino		*feminino*		*neutro*	
	singular	*plural*	*singular*	*plural*	*singular*	*plural*
independente	**(h)inn**	**(h)inir**	**(h)in**	**(h)inar**	**(h)it**	**(h)in**
sufixo	**-(i)nn**	**-(i)nir**	**-(i)n**	**-(i)nar**	**-(i)t**	**-(i)n**

Por ora limitemo-nos a alguns fundamentos: quando o artigo é adicionado a uma palavra terminada em consoante no singular, a vogal *i* entre parênteses permanece; no plural masculino e feminino, que termina em **r**, o *i* desaparece. Quando o artigo é adicionado a uma palavra terminada em vogal, a letra *i* costuma desaparecer. Note, porém, *eyin*. Quando o artigo for sufixado em uma palavra monossilábica terminada em vogal longa, o **i** do artigo permanecerá: *fé* (gado, dinheiro, riqueza), com artigo: *féit*. Tais palavras são menos comuns e apresentam algumas irregularidades, e assim analisaremos esses casos futuramente. Veja as mesmas palavras dadas no quadro de 2.3 agora acompanhadas do artigo definido sufixado:

masculino		*feminino*		*neutro*	
singular	*plural*	*singular*	*plural*	*singular*	*plural*
maðr**inn**	menn**inir**	kon**an**	konur**nar**	land**it**	lǫnd**in**
hestr**inn**	hestar**nir**	bók**in**	bœkr**nar**	sverð**it**	sverð**in**
jǫtunn**inn**	jǫtnar**nir**	ey**in**	eyjar**nar**	skip**it**	skip**in**
konungr**inn**	konungar**nir**	hǫll**in**	hallir**nar**	goð**it**	goð**in**
bróðir**inn**	brœðr**nir**	vǫlva**n**	vǫlur**nar**	auga**t**	augu**n**
Áss**inn**	Æsir**nir**	jǫrð**in**	jarðir**nar**	barn**it**	bǫrn**in**

Os adjetivos mostrados em 2.3 não podem normalmente modificar em posição atributiva substantivos com o artigo definido; para tal, eles devem assumir um outro paradigma (dito *fraco*, em oposição ao mostrado aqui, o dito *forte*). Em *Eiríkr inn rauði,* "Eiríkr, o Vermelho", tem-se o adjetivo *rauðr* em sua forma fraca. No volume 2 abordaremos a forma fraca dos adjetivos e dedicaremos maior atenção a algumas peculiaridades sintáticas que envolvem a utilização do artigo definido. No presente estágio, você precisa aprender a identificar esses artigos, que podem aparecer como sufixos ou como palavras separadas.

Exercícios

1. Coloque ao lado de cada pronome a forma adequada do verbo vera no presente do indicativo.

1. Hann _____
2. Vér _____
3. Þit _____
4. Þér _____
5. Ek _____
6. Vit _____
7. Hon _____
8. Þat _____
9. Þær _____
10. Þú _____
11. Þeir _____
12. Þau _____

2. Quais das palavras abaixo estão acompanhadas do artigo definido?

1. maðr
2. Óðinn
3. jǫtunn
4. hǫllin
5. goðit
6. jǫtnarnir
7. augun
8. skip
9. sverðin
10. barn
11. vǫlvan
12. bœkrnar
13. hestrinn
14. bǫrn
15. augat

3. Utilizando as tabelas de substantivos e adjetivos em 2.3, selecione a forma correta do adjetivo para cada substantivo, dentre as três dadas entre parênteses.

1. hestar (ung ungir ungar)
2. jǫtunn (mikil mikit mikill)
3. konungar (sterkt sterkar sterkir)
4. menn (mǫrg margar margir)
5. sverð (bjǫrt bjartr bjartar)
6. bǫrn (ungar ungr ung)
7. skip (fagr fagrar fǫgr)
8. land (fagr fagrt fǫgr)
9. ey (mikill miklir mikil)
10. konur (fagr fǫgr fagrar)
11. hallir (bjartr bjǫrtr bjartar)
12. vǫlva (vitr vitrar vitrir)

4. Utilizando o glossário abaixo, traduza as seguintes frases retiradas de sagas:

1. Ek em eigi þræll.
2. Ek em danskr maðr.
3. Þeir eru fimm en vér erum átta.
4. Vér erum menn kristnir.

5. Vit erum báðir illmenni.
6. Þit eruð mikils háttar menn brœðr.
7. Nú erum vér hér tólf dómendr.
8. Hon er kona skapstór en þú ert harðlyndr ok óvæginn.
9. Þat er it bezta vápn.
10. Margar eru þær ok sundrlausar.

átta num. oito
báðir (báðar, báð) adj. ambos
bezta : melhor
danskr adj. dinamarquês
dómendr (pl. de dómandi) : judicantes, arbitradores
eigi adv. não
en conj. (1) mas [adversativa]; por sua vez, já [indicando contraste com o que foi expresso antes]; e [pode ter valor similar a *ok*]
fimm num. card. cinco
harðlyndr adj. temperamental
hér adv. aqui
illmenni n. malfeitor
kristinn adj. cristão
maðr m. homem
margr adj. muito
mikils háttar : de importância
óvæginn adj. obstinado
skapstórr adj. orgulhoso
sundrlauss adj. incoerente, solto, descontínuo, discrepante, díspar
tólf num. doze
vápn n. arma
þræll m. escravo

Vocabulário a ser memorizado

Antes de avançar para a próxima unidade, certifique-se de que você guardou o significado das seguintes palavras (elas não serão listadas nos glossários das próximas leituras – mas se encontram no glossário total ao final do livro).

barn	maðr
bjartr	mikill
bróðir	ok
eigi	sonr
faðir	sterkr
fagr	systir
illr	Æsir
kona	

Unidade 3

Leitura: Os deuses Æsir (adaptado de *Gylfaginning*)

Hverir eru Æsir?

Óðinn er œztr ok elztr Ásanna. Hann heitir Alfǫðr, þvíat hann er faðir allra goða. Hann heitir ok Valfǫðr, þvíat hans óskasynir eru allir þeir er í val falla. Kona hans heitir Frigg. Hestr hans heitir Sleipnir.

Þórr er Ása framast. Hann er kallaðr Ásaþórr eða Ǫkuþórr. Hann er sterkastr allra guða ok manna. Þórr á hafra tvá ok reið þá er hann ekr, en hafrarnir draga reiðna. Því er hann kallaðr Ǫkuþórr. Hann á ok þrjá kostgripi. Einn þeira er hamarrinn Mjǫllnir.

Baldr er beztr. Hann er fagr ok bjartr.

Hǫðr heitir einn. Hann er blindr. Œrit er hann styrkr.

O deus Þórr com seus dois bodes, por Lorenz Frølich

Njǫrðr er auðigr ok fésæll. Hann gat tvau bǫrn. Sonr heitir Freyr en dóttir Freyja. Þau eru fǫgr ok máttug.

Sá er enn Áss er Týr heitir. Hann er djarfastr ok bezt hugaðr. Hann er vitr. Hann er einhendr Ása. Hann er ekki kallaðr sættir manna.

Bragi heitir einn. Hann er ágætr at speki ok mest at málsnild ok orðfimi. Kona hans er Iðunn.

Heimdallr heitir einn. Hann er kallaðr hvíti Áss. Hann er mikill ok heilagr. Hann heitir ok Hallinskíði ok Gullintanni. Tennr hans eru af gulli. Hestr hans heitir Gulltoppr.

Víðarr heitir einn, hinn þǫgli Áss. Hann er sterkr næst því sem Þórr er.

Áli eða Váli heitir einn, sonr Óðins ok Rindar. Hann er djarfr í orrostum ok mjǫk happskeytr.

Ullr heitir einn, sonr Sifjar, stjúpsonr Þórs. Hann er bogmaðr góðr ok skíðfœrr. Hann er ok fagr.

Forseti heitir sonr Baldrs.

Sá er enn talðr með Ásum er sumir kalla vǫmm allra goða ok manna. Hann heitir Loki eða Loptr. Hann er sonr Fárbauta jǫtuns. Móðir hans er Laufey eða Nál. Brœðr hans eru þeir Býleistr ok Helblindi. Loki er fríðr ok fagr. Hann er illr ok mjǫk fjǫlbreytinn.

Glossário

allra goða : de todos os deuses || **allra guða ok manna** : de todos os deuses e homens
auðigr adj. rico
á : tem, possui
ágætr adj. excelente || **ágætr at speki** : excelente em sabedoria
Ása (Ásanna com art. def.) : dos Æsir
Baldrs : de Baldr
beztr adj. superl. melhor
bjartr adj. brilhante
blindr adj. cego
bogmaðr m. arqueiro
brœðr (pl. de **bróðir**) : irmãos
djarfastr adj. superl. (o) mais valente
djarfr í orrostum : valente nas batalhas
dóttir f. filha
draga : puxam, arrastam || **hafrarnir draga reiðna** : os bodes puxam o carro
eða conj. ou
einhendr adj. de uma mão, maneta
einn num. um || **einn þeira** : um deles
ekki pron. nada || adv. não
ekr : conduz
elztr adj. superl. (o) mais velho
en conj. mas, e
enn adv. ainda
er pron. rel. que (Não confundir com ***er*** 3a. sing. do verbo *vera.*)
falla : caem
Fárbauta jǫtuns : do gigante Fárbauti
fésæll adj. rico, abastado, próspero

fjǫlbreytinn adj. instável, caprichoso
fleiri adj. comp. mais
framast adv. superl. mais à frente
fríðr adj. belo
gat : obteve
goð (plural de **goð**) n. pl. deuses
góðr adj. bom
gull n. ouro || **af gulli** : de ouro
hafra tvá : dois bodes (**hafr** m. bode)
hamarr m. martelo
hans : dele
happskeytr adj. de disparo certeiro
heilagr adj. sagrado
heitir : chama-se
hestr m. cavalo
horn n. chifre (para beber) || corno (instrumento de sopro)
hugaðr adj. corajoso
hverir : quais, pl. de *quem* (pron. int.)
hvíti adj. (forma fraca) branco
jǫtunn m. gigante
kallaðr part. chamado
kettir (pl. de **kǫttr** m.) : gatos
kostgripi : tesouros, bens preciosos, bens de valor
máttugr adj. potente, poderoso
með Ásum : com os Æsir
mest at málsnild ok orðfimi : principalmente em eloquência e habilidade com as palavras
mikill fyrir sér : poderoso
mjǫk adv. muito
móðir f. mãe
næst því sem : quase como
óskasynir : filhos adotivos
Óðins : de Óðinn
reið f. carro, carruagem || **reiðna** : o carro || **reið þá er...** : um carro que...
Rindar : de Rindr
sá pron. dem. aquele
skíðfœrr adj. capaz de esquiar
stjúpsonr m. enteado
styrkr adj. forte
sættir manna : conciliador de homens
talðr : contado, contabilizado
tennr (*plural de* **tǫnn** f.) : dentes
tvau : dois
valr m. morto em batalha || **falla í val** cair morto em batalha
vitr (f. vitr, n. vitrt) adj. sábio, inteligente
vǫmm f. vergonha, desonra
þessir : estes
Þórs : de Þórr
þrjá : três
því : com isso, por isso
þvíat (því at) conj. pois, porque
þǫgli adj. (forma fraca de **þǫgull**) calado, silencioso
œrit adv. bastante
œztr adj. superl. (o) mais alto, mais eminente

Gramática

3.1. O caso nominativo

O caso nominativo corresponde à forma de sujeito e de predicativo de sujeito:

(a) Hann er mikill ok heilagr.

Neste exemplo, o pronome *hann* é o sujeito do verbo (**er**), e os adjetivos **mikill** e **heilagr** estão no nominativo por serem o predicativo.

Em breve você estudará outras formas, que correspondem aos casos oblíquos, mas pode observar de início como uma mesma palavra aparece flexionada quando objeto do verbo. Por exemplo:

(b) Hafrar(nir) draga reiðna.
(c) Þórr á hafra tvá.

Diferentemente da frase (a), em que temos uma oração com verbo *vera* (que chamaríamos de "verbo de ligação"), nas frases (b) e (c) temos verbos transitivos diretos. Assim, na frase (b) *hafrar(nir)* (: [os] bodes) é o sujeito de *draga* (: puxam), e *reiðna* (: o carro) o objeto direto. Já na frase (c), *hafra* (: bodes – agora sem o -r final) é objeto de *á* (: tem), e o sujeito aqui é Þórr, que está no nominativo.

O nominativo, assim, é a forma de sujeito e de complemento do verbo *vera*, além de outros verbos de ligação (heita, verða).

Sempre que você procurar por um substantivo no dicionário, encontrará listada a sua forma de nominativo singular. No caso de um adjetivo, nominativo singular masculino.

3.2. Singular e plural nominativo de substantivos

Num primeiro momento, concentremo-nos em alguns padrões gerais da flexão dos substantivos, começando pelo nominativo.

O nórdico, assim como o português, apresenta flexão de singular e plural (*konungr*: "rei"; *konungar*: "reis"). Entretanto, diferentemente do português, que marca o plural com -s, o nórdico apresenta grande complexidade na formação do plural, podendo uma palavra apresentar forma de singular e plural com terminações idênticas (skip–skip, barn–bǫrn) ou plural com terminação em -ar, -ir, -ur, -u ou -r, como você já observou na unidade anterior.

Os substantivos do nórdico são divididos tradicionalmente em dois grandes grupos: a **declinação forte** e a **declinação fraca**. Dentro dessa divisão maior, há subgrupos, mas os paradigmas *forte* e *fraco* determinam várias características. Sendo assim, o estudante deve habituar-se de início a classificar substantivos de acordo com *gênero* e *declinação*: *víkingr*, substantivo masculino forte; *saga*, substantivo feminino fraco.

Especialmente no caso dos substantivos masculinos e femininos fortes, é recomendável, sempre que você aprender uma palavra nova, memorizar a forma de singular e plural, pois, como dissemos anteriormente, não é sempre possível prever o plural dos substantivos masculinos e femininos com base no nominativo singular.

3.2.1. Substantivos masculinos

Os substantivos masculinos fracos terminam sempre em **-i** no nominativo singular e formam o plural sempre com *-ar*: *bog-i*, *bog-ar*.

Os substantivos masculinos fortes costumam ter, no singular nominativo, uma desinência *-r*. Há casos, porém, em que o *-r* de nominativo singular foi historicamente assimilado, gerando uma palavra com consoante dupla ao final (**ll**, **nn**, **ss**). Por exemplo, o vocábulo *Áss* é um substantivo masculino forte, e o **s** final é explicado como sendo originário de uma assimilação fonética da desinência *-r* (a forma *Ás-r deu origem à forma *Áss*). Outros exemplos de assimilação da desinência *-r*: *Óðin-n*, *þræl-l*.

Há também casos em que o radical de um substantivo masculino forte termina em **r** sobre outra consoante, de modo que a desinência *-r* de nominativo singular é perdida (assimilada), e no plural (assim como nas demais formas flexionadas) o **r** permanece antes das desinências: *hafr-* (nom. sing.) *hafr-ar* (nom. pl.).

Substantivos masculinos fortes têm plural geralmente em -ar ou -ir. Note que ao formar o plural, o *-r* de singular dá lugar à terminação de plural: *konung-r* vira *konung-ar*; *Ás-s* vira *Æs-ir*. Há também várias palavras que formam o plural com *-r* (*bróð-ir*, pl. *brœð-r*). Como já dissemos, e é importante enfatizar, concentre-se por enquanto nos padrões mais gerais. Aos poucos retomaremos esses aspectos fonéticos.

Um outro aspecto da flexão do nórdico, observável em *Áss*–*Æsir*, e que será estudado na próxima unidade (4.2), é a metafonia, ou mutação vocálica. Há casos em que a vogal dentro do radical de uma palavra se transforma em outra ao longo das flexões (isso afeta tanto a flexão nominal quanto verbal). Existem alguns princípios fonéticos para esse fenômeno, mas por enquanto apenas se concentre em aprender as terminações.

Masculinos fortes com pl. *-ar*:

sing.	*pl.*
víking-**r**	víking-**ar**
konung-**r**	konung-**ar**
jǫtun-**n**	jǫtn-**ar**
hest-**r**	hest-**ar**
úlf-**r**	úlf-**ar**
hafr-	hafr-**ar**

Observe a síncope em *jǫtnar* (a vogal átona final do radical perde-se diante da desinência com vogal: **jǫtu̲n-ar* – cf. 2.4). Lembre-se de que a vogal tônica é a primeira do radical; portanto, a segunda vogal num radical dissilábico é sempre átona, e pode sofrer síncope: *jǫtun-*, *mikil-* (ex.: m. pl. nom. *mikl-ir*, e não **miki̲l-ir*), *Óðin-* (ex.: dat. sing. *Óðn-i*, e não **Óði̲n-i*) etc.

Note a ausência de desinência em *hafr* no singular, devido à assimilação.

Masculinos fortes com pl. *-ir*:

sing.	*pl.*
Ás-**s**	Æs-**ir**
son-**r**	syn-**ir**
skjǫld-**r**	skild-**ir**
berserk-**r**	berserk-**ir**

Observe as mudanças em algumas vogais. Em breve isso ficará mais claro para você.

Masculinos fortes com pl. *-r*:

sing.	*pl.*
bróð-**ir**	brœð-**r**

A desinência deste substantivo é, na verdade, *-ir*, e no plural ele sofre mutação vocálica ao receber a desinência *-r*.

O substantivo *maðr*, pl. *menn*, que você já viu, é irregular.

Masculinos fracos:

sing.	*pl.*
bog-**i** hǫfðing-**i** íkorn-**i**	bog-**ar** hǫfðingj-**ar** íkorn-**ar**

A semivogal **j** no tema de *hǫfðingi* não aparece antes da desinência *-i* (por ter valor fonético igual, **hǫfðingji* torna-se redundante).

3.2.2. Substantivos femininos

Substantivos femininos fortes normalmente não possuem a desinência *-r* que vimos nos masculinos, apresentando-se em sua forma radical no singular. Montam o plural geralmente com *-ir* ou *-ar*, muitas vezes também com *-r*. Exemplo: *búð-*, *búð-ir*. Também aqui podem ocorrer mutações vocálicas, que analisaremos futuramente.

Femininos fortes com pl. **-ir**:

sing.	*pl.*
ferð- búð- stund- hǫll- jǫrð-	ferð-**ir** búð-**ir** stund-**ir** hall-**ir** jarð-**ir**

As palavras *jǫrð* e *hǫll* apresentam mutação no nominativo singular, e no plural a vogal **a**. O substantivo *jǫrð* também forma plural alternativamente com -ar: *jarðar*.

Femininos fortes com pl. **-ar**:

sing.	*pl.*
øx- dróttning- ey-	øx-**ar** dróttning-**ar** eyj-**ar**

Observe a semivogal **j** que surge antes da desinência -ar em *eyjar*.

Femininos fortes com pl. **-r**:

sing.	*pl.*
bók-	bœk-**r**

Observe a mutação vocálica em *bœkr*.

Os substantivos femininos fracos, por sua vez, têm singular nominativo em *-a* e plural em *-ur*: *sag-a*, *sǫg-ur*. Ocorre sempre a transformação do **a** tônico do radical (ou seja, se a vogal **a** estiver na primeira sílaba do radical) em **ǫ** quando formado plural com -ur.

sing.	*pl.*
kon-**a** sag-**a** vǫlv-**a**	kon-**ur** sǫg-**ur** vǫl-**ur**

Observe a transformação do **a** no radical de *saga*, como apontado acima. A palavra *vǫlva*, por sua vez, perde o **v** antes da desinência *-ur*. Isso se explica pelo fato de **v** ser, em fases mais arcaicas, uma semivogal /w/, que antes de som idêntico /u/ torna-se redundante. Existe também o plural *vǫlvur* (que é a forma islandesa moderna padrão: *völva*, *völvur*).

3.2.3. Substantivos neutros

Os substantivos neutros fortes não possuem desinências nem de singular nem de plural, o que significa que estamos, em ambos os números, diante da forma radical: *skip-*, plural *skip-*. Contudo, quando a vogal tônica do radical for **a** (mas não **á,** pois **á** = **ǫ́** com a ortografia padronizada), o plural será marcado por uma mudança vocálica: *barn-*, *bǫrn-*. Quando houver vogal **a** átona, ela se transformará em **u**.

Neutros fortes com **a** no radical:

sing.	*pl.*
land-	lǫnd-
barn-	bǫrn-
haf-	hǫf-
sumar-	sumur-

Neutros fortes sem flexão de plural (outras vogais que não **a** no radical):

sing.	*pl.*
skáld-	skáld-
spjót-	spjót-
sverð-	sverð-
skip-	skip-

Note que para um grande número de substantivos neutros fortes não há distinção entre singular e plural; quando a palavra está acompanhada do artigo definido, porém, a distinção é clara: *sverðit* "a espada", *sverðin* "as espadas"; a forma *sverð* pode ser "espada" ou "espadas", e é o contexto da frase que deixará claro o número (artigos, adjetivos, pronomes ou verbos que estejam acompanhando o vocábulo).

Os substantivos neutros fracos são tão raros que basta, por ora, lembrar-se de um: *auga* ("olho"), plural *augu*:

sing.	*pl.*
aug-**a**	aug-**u**

3.3. Singular e plural dos adjetivos: forma forte.

Diferentemente do que ocorre com os substantivos, a flexão dos adjetivos é bastante regular e previsível. Os adjetivos possuem ambas as formas: forte e fraca. Por exemplo, o adjetivo *sterkr* ("forte") possui singular masculino forte *sterkr* e singular masculino fraco *sterki*, singular feminino forte *sterk* e fraco *sterka*; neutro forte *sterkt* e fraco *sterka*. Quando flexionar um adjetivo na forma forte e quando na forma fraca é uma questão que nada tem a ver com a declinação do substantivo que ele modifica. A forma forte dos adjetivos é usada quando modifica um substantivo sem artigo definido (ou qualquer outro determinante, como demonstrativos), e também como complemento verbal em posição predicativa. Exemplos:

(a) Hér eru sterkir víkingar.
(b) Víkingar eru sterkir.

Na frase (a), o adjetivo *sterkir* aparece na forma forte porque qualifica um substantivo não determinado por artigo nem pronome demonstrativo. Na frase (b), o adjetivo *sterkir* é predicativo do sujeito. Observe, porém, as seguintes frases:

(c) Hér er inn sterki víkingr.
(d) Hann er Grettir inn sterki.

Em (c) e (d), o substantivo é determinado pelo artigo *inn*, o que obriga o adjetivo a estar na forma fraca. Note-se que em (d) o fato de o artigo determinar um nome próprio por si só já o obriga a estar na forma independente: não se usa a forma sufixada num nome próprio.

Mas, por enquanto, concentremo-nos na forma forte dos adjetivos, pois, mesmo sendo bastante simples, a forma fraca envolve aspectos sintáticos que serão mais bem compreendidos futuramente. Guarde os princípios gerais: Os adjetivos possuem flexão fraca e flexão forte; utiliza-se a flexão forte quando o substantivo não estiver sendo determinado por artigo definido ou pronome demonstrativo e quando o adjetivo for o predicativo do sujeito (como na frase b). A flexão fraca, quando encontrada, não causará estranhamento: no singular, ela é idêntica à declinação fraca dos substantivos, e no plural apresenta terminação em -u para os três gêneros no nominativo.

Aprenda, no momento, as desinências e os padrões regulares. As pequenas irregularidades não serão, na maioria das vezes, um impedimento para você reconhecer as palavras nos textos. As desinências para o nominativo forte dos adjetivos podem ser resumidas no quadro abaixo:

	m.	*f.*	*n.*
sing.	**-r**	-	**-t**
pl.	**-ir**	**-ar**	-

Adjetivos que não apresentam mutações vocálicas (sem vogal **a** no radical):

	m.	*f.*	*n.*
sing.	sterk-**r** stór-**r** ill-**r** ung-**r** há-**r** góð-**r** auðig-**r** mikil-**l**	sterk- stór- ill- ung- há- góð- auðig- mikil-	sterk-**t** stór-**t** ill-**t** ung-**t** hát-**t** got-**t** auðig-**t** miki-**t**

pl.	sterk-**ir** stór-**ir** ill-**ir** ung-**ir** háv-**ir** góð-**ir** auðg-**ir** mikl-**ir**	sterk-**ar** stór-**ar** ill-**ar** ung-**ar** háv-**ar** góð-**ar** auðg-**ar** mikl-**ar**	sterk- stór- ill- ung- há- góð- auðig- mikil-

Observe algumas irregularidades em *hár* e *góðr*. O adjetivo *há-r* possui a letra **v** antes de desinências com vogal (o radical é *háv-*), pois a antiga semivogal /w/ que deu origem ao **v** desaparece antes do *-r*. O neutro singular de *góðr* é originado do encontro consonantal instável *_góðt_, que causa a duplicação do **t** e consequente encurtamento da vogal **o**. Em *mikill* a desinência *-r* é assimilada pelo **l**, como ocorre com alguns substantivos masculinos fortes (cf. 3.2.1). Além disso, note os radicais dissilábicos *auðig-* e *mikil-*, que sofrem síncope (perda da vogal átona) antes da desinência quando esta contém vogal (masculino e feminino plural). Compare com *jǫtunn* em 3.2.1.

Adjetivos com mudança na vogal **a→ǫ** (**a→u**) no feminino singular e neutro plural:

	m.	*f.*	*n.*
sing.	djarf-**r** bjart-**r** heilag-**r** marg-**r** all-**r** fagr-	djǫrf- bjǫrt- heilug- mǫrg- ǫll- fǫgr-	djarf-**t** bjart- heilag-**t** marg-**t** **(**mar-**t)** all-**t** fagr-**t**
pl.	djarf-**ir** bjart-**ir** helg-**ir** marg-**ir** all-**ir** fagr-**ir**	djarf-**ar** bjart-**ar** helg-**ar** marg-**ar** all-**ar** fagr-**ar**	djǫrf- bjǫrt- heilug- mǫrg ǫll- fǫgr-

No feminino singular e neutro plural (que são iguais), ocorre a mudança do **a** tônico para **ǫ**, e do **a** átono para **u** (*heilug*). Observe, também, que a vogal final do radical é sincopada em *heilagr*, pl. *helgir* (neste caso ocorre uma alteração irregular no radical, com a transformação do ditongo **ei** em **e**). O adjetivo *heilagr* apresenta também as formas sem síncope *heilagir* etc. A desinência *-t* de neutro singular desaparece em *bjart* (o encontro **tt** não é possível após outra consoante, **bjartt*). Note que em *fagr* a aparente terminação em -r na verdade é parte do radical (não é desinência), e assim se faz presente também no feminino e no neutro; a desinência *-r* masculina aqui acaba sendo assimilada (teríamos **fagrr*, mas o encontro de consoantes causa a perda do *-r* de nominativo singular masculino – compare com o substantivo masculino *hafr* em 3.2.1). Diferentemente, em *stórr* o nominativo singular masculino apresenta o -r sobre o r- final do radical, pois este incide diretamente sobre uma vogal.

3.4. Uso apositivo do pronome pessoal

Você observou um uso peculiar do pronome pessoal na apresentação do deus Loki, no final da leitura inicial da Unidade:

Brœðr hans eru **þeir Býleistr ok Helblindi**.

Neste caso, o pronome não substitui os nomes próprios, mas funciona como uma espécie de determinante, em aposição. Como já observamos, as formas de plural do pronome pessoal, além do neutro singular, coincidem com o pronome demonstrativo *sá*, que veremos em mais detalhes em 6.6. Pode-se entendê-lo, nesta construção, como uma espécie de artigo, definindo a locução, mas não é necessário sempre traduzi-lo. Quando há um nome masculino e um feminino, a forma do pronome será o neutro plural (cf. 2.1), por exemplo:

Þau Signý ok konungr eigu tvau bǫrn ung at aldri. (*Vǫlsunga saga, 8*)

Signý e o rei ("Eles Signý e o rei") têm duas crianças jovens em idade.

Deve-se observer, porém, que este uso apositivo do pronome frequentemente é empregado também numa construção elíptica bastante peculiar, em que se pressupõe um coletivo:

Fara **þeir Egill** síðan í brott. (*Egils saga, 56*)
Egill e os seus (literalmente "Eles Egill") vão em seguida embora.

Neste último exemplo, a tradução dependerá do contexto, pois o coletivo é pressuposto e pode ser inferido pela narrativa. Normalmente, pode ser traduzido como "Egill e os seus homens", "Egill e seus companheiros" etc.

Mais raramente, pode ocorrer também o uso apositivo do pronome pessoal no singular.

Exercícios

1. Identifique o gênero e o número dos substantivos com base na forma do adjetivo que qualifica cada um nos sintagmas abaixo.

Exemplo:
mikit sverð neutro singular

1. skaphǫrð kona
2. harðar orrostur
3. djúpt haf
4. lǫng skip
5. mikill maðr
6. langt spjót
7. sterkir konungar
8. há hǫll
9. stór lǫnd
10. miklar sǫgur

2. Passe as expressões acima para o plural, quando no singular, e vice-versa.

3. Forme frases simples utilizando substantivos, adjetivos e o verbo *vera*.

Exemplo: *Hestrinn er sterkr.*

4. Substitua, nas frases que você formou, os substantivos por pronomes pessoais.

Exemplo: <u>*Hann*</u> *er sterkr.*

Vocabulário a ser memorizado

auðigr	hestr
dóttir	horn
eða	jǫtunn
ekki	mjǫk
en	móðir
goð	vitr
góðr	þvíat
heilagr	

Unidade 4

Leitura: As deusas Ásynjur (adaptado de *Gylfaginning*)

Hverjar eru Ásynjurnar?

Frigg er œzt. Hon á þann bœ er Fensalir heita ok er hann allvegligr. Frigg er kona Óðins, ok veit hon ørlǫg manna. Frigg segir eigi spár.

A deusa Frigg, por Carl Emil Doepler

Ǫnnur er Sága. Hon býr á Søkkvabekk, ok er þat mikill staðr.

Þriðja er Eir. Hon er læknir beztr.

Fjórða er Gefjun. Hon er mær, ok henni þjóna þær er meyjar andask.

Fimta er Fulla. Hon er enn mær ok ferr laushár ok gullband um hǫfuð. Hon berr eski Friggjar ok gætir skóklæða hennar ok veit launráð með henni.

Freyja er tignust með Frigg. Hon giptisk þeim manni er Óðr

A deusa Freyja, por Johannes Gehrts

heitir. Óðr fór í braut langar leiðir, en Freyja grætr eptir, en tár hennar er gull rautt. Freyja á kǫttu tvá ok reið þá er hon ekr, en kettirnir draga reiðna. Freyja á mǫrg nǫfn. Hon heitir Mardǫll ok Hǫrn, Gefn, Sýr. Hon er kǫlluð Vanadís.

Sjǫfn gætir mjǫk til at snúa hugum manna til ásta, kvenna ok karla. Af hennar nafni er elskuginn kallaðr sjafni.

Lofn er svá mild ok góð til áheita at hon fær leyfi af Alfǫðr eða Frigg til manna samgangs, kvenna ok karla, þótt áðr sé bannat eða þvertekit.

Vár hlýðir á eiða manna ok einkamál er veita sín á milli konur ok karlar. Hon hefnir ok þeim er brigða.

Enn eru þær aðrar er þjóna skulu í Valhǫll, bera drykkju ok gæta borðbúnaðar ok ǫlgagna. Þær heita valkyrjur. Þær sendir Óðinn til hverrar orrostu. Valkyrjur kjósa feigð á menn ok ráða sigri.

* * *

Margir staðir eru á himni fagrir. Þar stendr salr einn fagr, ok ór þeim sal koma þrjár meyjar þær er svá heita: Urðr, Verðandi, Skuld. Þessar meyjar skapa mǫnnum aldr. Þær kǫllum vér nornir. Enn eru fleiri nornir, þær er koma til hvers manns er borinn er at skapa aldr, ok eru þessar goðkunnigar, en aðrar álfa ættar, en inar þriðju dverga ættar. Ef nornir ráða ørlǫgum manna, þá skipta þær ójafnt, er sumir hafa gott líf, en sumir hafa lítit lén eða lof, sumir langt líf, sumir skamt. Góðar nornir skapa góðan aldr, en þeir menn er fyrir óskǫpum verða, þá valda því illar nornir.

Glossário

af : prep. de || **af hennar nafni** : a partir do nome dela, do nome dela
aldr m. vida, destino
allvegligr adj. muito glorioso, muito nobre
andask : morrem
annarr (**ǫnnur**, **annat**; pl. **aðrir**, **aðrar**, **ǫnnur**) adj. 1 sing. outro, o outro, segundo || 2 pl. outros
at skapa : para moldar
á (1) : tem, possui (forma do verbo *eiga*: ter)
á (2) prep. em
á himni : no céu
áheit n. prece || **til áheita** : para preces
álfa ættar : da estirpe dos elfos, da raça dos elfos
ást (pl. **ástir**) f. amor
Ásynja f. feminino de Áss, deusa
bannat part. pret. proibido
bera : carregam, levam
berr : carrega, leva
borðbúnaðar (gen. de **borðbúnaðr** m.) : utensílios de mesa
braut (í braut) adv. embora
brigða : quebram (uma promessa, palavra)
býr : mora, reside
bœ (forma flexionada de **bœr** m.) **:** fazenda, propriedade
draga : puxam
drykkju (forma flexionada de **drykkja** f.): bebida
dverga ættar : da estirpe dos anões
ef conj. se
eiða (forma flexionada de **eiðr** m.) : votos, promessas
einkamál n. acordo privado, acordo especial, privilégio
elskugi m. amor
eptir prep./adv. para trás
eski n. caixa com pertences pessoais (de freixo)
feigð f. a hora da morte, a chegada da morte
ferr : passa, vai
fimta : (a) quinta
fjórða : (a) quarta
fór : foi, partiu
Friggjar : de Frigg
fær : obtém, ganha
giptisk þeim manni er... : casou-se com aquele homem que...
goðkunnigr adj. divino, de origem divina
góðan : forma flexionada do adj. **góðr** (aqui concordando com **aldr**, como obj. de ► **skapa**)
grætr : chora
gull n. ouro
gullband n. faixa de ouro
gæta : cuidam, guardam
gætir : cuida, guarda
hafa : têm
hefnir : vinga-se de
heita : chamam-se
heitir : chama-se
hennar : dela
henni : a ela (como objeto do verbo ► **þjóna**) || como objeto da prep. **með**
hlýðir á : ouve, escuta
hverjar : quais, pl. de *quem* (pron. inter.)
hǫfuð n. cabeça
í prep. em
kallaðr (kǫlluð, kallat) adj. (part. pret. de *kalla*) chamado

karl (pl. **karlar**) m. homem (do sexo masculino)
kjósa : escolhem
koma : vêm, chegam
kǫlluð ► **kallaðr**
kǫllum : chamamos
kǫttr (pl. kettir) gato || *kǫttu* forma flexionada pl.
langr (lǫng, langt) adj. longo
launráð n. conselho secreto, pensamento secreto
laushárr adj. com cabelos soltos
leið (pl. **leiðir**) f. caminho
leyfi n. permissão
lén n. recompensa, ganho, sucesso, riqueza
líf n. vida
lítill (lítil, lítit) adj. pequeno, pouco
lof n. glória
læknir m. médico (o substantivo é m. mas pode ser usado para designar *médica* também)
manna : de/dos homens, das pessoas
margr (mǫrg, mart) adj. muito
með prep. com || **með henni** : com ela
meyjar ► **mær**
mildr adj. gentil, brando
mǫnnum : para os homens, para as pessoas
mær (pl. **meyjar**) f. menina, donzela, virgem
nafn n. nome
nafni : forma flexionada de ► **nafn**
norn (pl. nornir) f. norna
ójafnt adv. desigualmente, injustamente
ór þeim sal : daquele salão
rauðr (**rauð**, **rautt**) adj. vermelho
ráða : decidem, determinam
reið þá er hon ekr : uma carruagem que ela conduz
salr m. salão || morada
segir : diz
sendir : envia
sigri (forma flexionada de **sigr** m.): vitória (objeto do verbo ► **ráða)**
sitr : senta-se, está sentada/o
sjafni m. amor
skammr adj. breve, curto
skapa : moldam, criam, determinam
skipta : dividem, repartem
skóklæða (forma flexionada de **skóklæði** n. pl.): calçados
spá (pl. **spár**) f. profecia
staðr (pl. **staðir**) m. local, lugar
stendr : está de pé, fica de pé, está, fica
sumr (sum, sumt) adj. algum
svá... at... : tanto... que..., tão... que...
tár n. lágrima (pl. *tár*)
tignust : mais eminente, mais nobre, mais honrada
til at snúa hugum manna til ásta, kvenna ok karla : para voltar as mentes das pessoas ao amor, homens e mulheres
til hverrar orrostu : para toda batalha
til hvers manns er borinn er : para todo homem que nasce, para toda pessoa que nasce
til manna samgangs, kvenna ok karla : para união de pessoas, homens e mulheres
tvá : dois
um prep. em torno de
Vanadís f. Donzela dos Vanir
veit : sabe
veita sín á milli : trocam entre si
þann bœ er... : aquela propriedade que...
þar adv. lá
þá : então
þá valda því : causam isso (o sujeito é *illar nornir*)
þeim er... : aqueles que
þeir menn er fyrir óskǫpum verða : aquelas pessoas que encontram/sofrem infortúnios
þessar : estas

þjóna : servem || **þjóna skulu** : servirão
þótt áðr sé : ainda que antes seja/tenha sido
þriðja : (a) terceira
þriðju : terceira
þvertekit : completamente recusado (part. pret. de **þvertaka**)
þær er... : aquelas que...
ǫlgagna (forma flexionada de **ǫlgǫgn** n. pl.) : recipientes de cerveja
ǫnnur ► **annarr**
ørlǫg n. pl. destino, fado || *ráða ørlǫgum manna* : determinam o destino das pessoas

Gramática

4.1. Presente do indicativo

Os verbos nórdicos podem ser classificados em fortes e fracos (além dos irregulares, como *vera*, que você já estudou), mas esta divisão será vista e explicada quando estudarmos a formação do pretérito, no segundo volume desta série.

O presente do indicativo do nórdico corresponde em suas funções e usos mais gerais ao presente do indicativo do português (*hon segir*: "ela diz"). Mas note que, em alguns momentos, o presente do indicativo pode ser traduzido pela perífrase com verbo auxiliar *ser* e gerúndio (*þér farið*: "vocês estão indo, viajando"). É o contexto que nos guiará nessa escolha. Em nórdico existe também subjuntivo, e, nas suas características gerais, o uso dos modos corresponde ao que temos em português. O indicativo é o modo verbal que você encontrará nas afirmações e negações de fatos. É a forma verbal usada em descrições e narrações de fatos, situações e eventos certos (não hipotéticos, não condicionais). O subjuntivo será visto em orações condicionais e subordinadas, exortações etc.

O advérbio de negação, correspondente ao *não* do português e ao *not* do inglês, é **eigi**: *Frigg segir eigi spár*. É comum encontrar o pronome **ekki** ("nada") cumprindo a mesma função, mas com uma nuance de ênfase: *Hann er ekki kallaðr sættir manna*.

Em perguntas, o verbo normalmente aparece antes do sujeito: *Eruð þit íslenzkir menn?* Mas note que a ordem de palavras não é totalmente rígida em nórdico, especialmente na poesia, e mesmo em textos prosaicos encontramos alguma flexibilidade. Isso não significa dizer que a ordem seja livre, tampouco.

O infinitivo é a forma em que você encontrará um verbo no dicionário: *vera, fara, búa, segja*. A terminação característica de infinitivo é *-a*, e, normalmente, a 3ª. pessoa do plural é igual ao infinitivo. O infinitivo também aparecerá como complemento de verbos principais: *Nornir koma til hvers manns at skapa aldr.* Esse uso do infinitivo será encontrado ao longo dos textos, sendo normalmente acompanhado pelo complementizador *at*.

Nos textos desta lição você se deparou com algumas formas verbais conjugadas no presente do indicativo:

(a) Frigg **veit** ørlǫg manna.
(b) Frigg **segir** eigi spár.
(c) Hér **sitr** Frigg.
(d) Hon **býr** á Søkkvabekk.
(e) Hon **ferr** laushár.
(f) Freyja **grætr** eptir.
(g) Hon **berr** eski Friggjar.
(h) Valkyrjur **bera** drykkjur.
(i) Sumir **hafa** gott líf.
(j) Þær **kǫllum** vér nornir.

Nas frases (a) a (g) os verbos estão conjugados na 3a. pessoa do singular. Com exceção de (a), você pode observar como as formas todas apresentam terminação em *-(i)r*. Na frase (a) temos um verbo irregular. Nas frases (h) e (i), a terminação em *-a* é de 3a. pessoa do plural, e na frase (j) temos a terminação em *-um* de 1a. pessoa do plural.

Observe a conjugação completa de presente do indicativo dos verbos *kalla* (chamar), *segja* (dizer), *hafa* (ter) e *gráta* (chorar):

infinitivo	*kall-**a***	*segj-**a***	*haf-**a***	*grát-**a***
ek	kall-**a**	seg-**i**	hef-**i**	græt-
þú	kall-**ar**	seg-**ir**	hef-**ir**	græt-**r**
hann, hon, þat	kall-**ar**	seg-**ir**	hef-**ir**	græt-**r**
vér, vit	kǫll-**um**	segj-**um**	hǫf-**um**	grát-**um**
þér, þit	kall-**ið**	seg-**ið**	haf-**ið**	grát-**ið**
þeir, þær, þau	kall-**a**	segj-**a**	haf-**a**	grát-**a**

Podem-se depreender, a partir de uma observação dos exemplos dados acima, as seguintes desinências:

inf.	**-a**
1ª. sing.	**-a / -i / -**
2ª. sing.	**-ar / -ir/ -r**
3ª. sing.	**-ar / -ir/ -r**
1ª. pl.	**-um**
2ª. pl.	**-ið**
3ª. pl.	**-a**

Observe também que, em alguns momentos, a vogal do radical muda. As questões referentes às alterações vocálicas nos radicais verbais são muito importantes para uma compreensão do sistema de flexão verbal do nórdico. Veremos, a seguir, algumas noções gerais sobre mutações vocálicas, pois este fenômeno não pode ser ignorado. Mas não se preocupe: numa fase mais avançada dos estudos, recapitularemos as regras de mutações vocálicas, para uma compreensão mais detalhada e sistematizada. Por enquanto, tente aprender a lógica dessas mutações e observe quando elas podem ocorrer e quando não.

4.2. Mutações vocálicas: primeiras noções

Você já observou diversas alterações internas nos radicais de palavras: **Áss→Æsir**, **barn→bǫrn**, **hǫll→hallir**, **kalla→kǫllum**, **gráta→grætr**, **hafa→hefi** etc.

A explicação para isso é bastante simples analisando a coisa do ponto de vista da fonética: ao acréscimo de certas desinências, ocorre uma contaminação fonética de certos sons sobre determinadas vogais do radical da palavra. Esse fenômeno é denominado metafonia ou *Umlaut*, ou, utilizando um termo mais claro em português, mutação vocálica[1].

[1] No português, a metafonia, mesmo não sendo um fenômeno conspícuo, atua sobre algumas palavras. Observe a mudança na pronúncia da vogal em *ovo, ovos*. No islandês

Ocorrem mutações vocálicas tanto na flexão verbal quanto na flexão nominal. Alguns processos de mutação vocálica são completamente previsíveis, outros não. Pois bem, quais são as mutações vocálicas e quando elas ocorrem?

Mutações vocálicas são de três tipos: (a) **mutação labial**, (b) **mutação frontal** e (c) **quebra vocálica (ditongação)**.

(a) **Mutação labial** (Umlaut-U ou metafonia U) diz respeito à contaminação da vogal **u** sobre a vogal **a** (mas não **á** longo!)[2], transformando-a em **ǫ** (quando tônica) e **u** (quando átona), e você já observou esse fenômeno na flexão de plural nominativo dos substantivos femininos fracos (*saga→sǫgur*) e neutros fortes (*land→lǫnd*), e igualmente nas formas fortes dos adjetivos (feminino singular e neutro plural: *fagr→fǫgr*). Nesses casos, a mutação labial é uma regra que se aplica sempre. Note que no plural dos substantivos neutros fortes e no singular dos femininos fortes não existe o acréscimo da desinência *-u*, mas a explicação para a mutação é que, num estágio cronológico mais antigo do idioma, teria existido a desinência, que gerou a mutação e posteriormente foi perdida com a evolução da língua, deixando a mutação como uma regra de flexão (*landu>*lǫndu>lǫnd).

Observa-se também a mutação labial na conjugação de presente do indicativo quando a vogal tônica do radical é **a** e acrescenta-se a desinência de primeira pessoa de plural *-um*: *kalla→kǫllum, fara→fǫrum, hafa→hǫfum* etc.

Note que quando houver **a** átono no radical ele se transformará em **u**: *kallaðr→kǫlluð.*

(b) A **mutação frontal** (Umlaut-I ou metafonia I) não é sempre previsível como a mutação labial. Por mutação frontal entendemos o processo de contaminação de um som anterior, i.e. frontal (**i, j**), de uma desinência sobre vogais posteriores (i.e. pronunciadas na parte de trás do trato vocal: **a, á, o, ó, u, ú**), tornando-as mais anteriores, ou seja, deslocando o seu ponto de articulação mais para a frente. Observe como a vogal **á** é pronunciada mais atrás do que a vogal **æ**:

antigo, contudo, a metafonia é sistêmica e determinante nos paradigmas flexionais.

[2] Lembre-se de que, no período literário, a letra **á** representa a forma longa tanto de **a** quanto de **ǫ** (para o qual havia originalmente a forma **ǫ́**).

assim, em *Áss* o acréscimo de *-ir* (pronunciado na parte da frente do trato vocal) como que "puxa" o som **á** para a frente, transformando-o em *Æsir*.

Pode ocorrer mutação frontal na flexão dos substantivos masculinos e femininos fortes – mas ela não ocorre sempre quando se esperaria. Note: *bók*, pl. *bœkr*; *sonr*, pl. *synir* (também *sønir*, que segue o padrão regular de mutação); mas *staðr*, pl. *staðir* (sem mutação frontal), *búð*, pl. *búðir* (sem mutação frontal).

Na conjugação verbal, o acréscimo de desinências *-r*, *-i* e *-ir* (note: de singular no presente do indicativo, mesmo na 1a. pessoa quando -) causa mutação frontal: *hafa→hefi*, *gráta→grætr*. Nos casos como do verbo *gráta* (verbos que não têm vogal na desinência), a metafonia é explicada numa análise diacrônica: em fases mais arcaicas do idioma, havia a vogal **i** presente na desinência desses verbos, que posteriormente foi perdida, restando a mutação como traço flexional. Observe que a mutação frontal não altera a duração de uma vogal, e assim uma vogal breve **a** transforma-se em outra breve **e**, ao passo que a longa **á** transforma-se em longa **æ**. As vogais que sofrem mutação frontal são as posteriores, e resultam nas seguintes vogais "anteriorizadas" ou "frontalizadas":

a → **e** (fara–ferr)
á → **æ** (Áss–Æsir)
o → **ø** (e, y) (koma–kemr/kømr, sonr–synir/sønir)
ó → **œ** (bók–bœkr)
ǫ → **ø** (hǫggva–høggr)
u → **y** (dura–dyrr)
ú → **ý** (búa–býr)
au → **ey** (hlaupa–hleypr)
jó → **ý** (skjóta–skýtr)
jú → **ý** (fljúga–flýgr)

Por fim, a (c) **quebra vocálica** é um fenômeno menos comum e que, por enquanto, não analisaremos. Um exemplo pode ser visto na palavra *skjǫldr*, que apresenta a alternância entre os ditongos **jǫ/ja** e a vogal **i** (pl. *skildir*).

4.3. Três verbos irregulares no presente do indicativo: *eiga*, *mega* e *vita*

Lembre-se da conjugação do verbo *vera*: **em**, **ert**, **er**, **erum**, **eruð**, **eru**. Excetuando a primeira pessoa do singular (*em*), as demais pessoas contêm um conjunto de desinências que você encontrará em alguns verbos irregulares e em conjugações de pretérito. Observe as conjugações de presente do indicativo dos verbos *eiga* (ter, possuir), *mega* (poder) e *vita* (saber), e compare-as com as formas do verbo *vera*.

infinitivo	*eig-**a***	*meg-**a***	*vit-**a***
ek	á-	má-	veit-
þú	át-**t**	mát-**t**	veiz-**t**
hann, hon, þat	á-	má-	veit-
vér, vit	eig-**um**	meg-**um**	vit-**um**
þér, þit	eig-**uð**	meg-**uð**	vit-**uð**
þeir, þær, þau	eig-**u**	meg-**u**	vit-**u**

Estes verbos apresentam tanto no singular quanto no plural as desinências que você conhece do verbo *vera*, exceto pela 1a. pessoa do singular. Tente memorizar estes três verbos junto com o verbo *vera*: são verbos muito frequentes. Guarde bem as diferenças entre as desinências destes com relação aos verbos regulares vistos acima. Quando você estudar o pretérito, verá estas mesmas terminações. Os verbos *eiga, mega* e *vita* possuem, no presente, conjugações de pretérito.

Note a acomodação fonética com a africada **z** [ts] na segunda pessoa do singular *veizt* (**veitt*).

Exercícios

1. Complete as conjugações dos verbos.

	heita	**senda**	**gæta**	**hefna**
ek	*heiti*	*sendi*	*gæti*	*hefni*
þú	....	....	....	....
hann, hon, þat	....	....	....	....
vér, vit	....	....	....	....
þér, þit	....	....	....	....
þeir, þær, þau	....	....	....	....

	þjóna	**banna**	**þakka**	**skapa**
ek	*þjóna*	*banna*	*þakka*	*skapa*
þú	....	....	....	....
hann, hon, þat	....	....	....	....
vér, vit	....	....	....	....
þér, þit	....	....	....	....
þeir, þær, þau	....	....	....	....

	bera	**sitja**	**ríða**	**bíta**
ek	*ber*	*sit*	*ríð*	*bít*
þú	....	....	....	....
hann, hon, þat	....	....	....	....
vér, vit	....	....	....	....
þér, þit	....	....	....	....
þeir, þær, þau	....	....	....	....

	ráða	**fara**	**koma**	**búa**
ek	*ræð*	*fer*	*kem*	*bý*
þú	....	....	....	....
hann, hon, þat	....	....	....	....
vér, vit	....	....	....	....
þér, þit	....	....	....	....
þeir, þær, þau	....	....	....	....

	snúa	**standa**	**kjósa**	**fá**
ek	*sný*	*stend*	*kýs*	*fæ*
þú	....	....	*kýss*	....
hann, hon, þat	....	....	....	....
vér, vit	....	....	....	....
þér, þit	....	....	....	....
þeir, þær, þau	....	....	....	....

Quais verbos apresentam mutação frontal? Em quais pessoas? Quais formas apresentam mutação labial, e por quê?

2. Preencha cada uma das lacunas abaixo com uma das formas verbais dadas na caixa. Preste atenção à forma gramatical e ao sentido.

heitir gengr segið ganga er er eru heita taka hǫfum drepa kveðr em ríða sér

1. Æsirnir ____________ miklir fyrir sér.
2. Synir hans ____________ Oddr ok Hǫskuldr, en dóttir hans ____________ Auðr.
3. Vér ____________ mǫrg skip ok ǫll stór.
4. Þeir ____________ hestana ok ____________ til alþingis.
5. Ok er Auðunn ____________ fyrir konung ____________ hann konung vel.
6. Þat ____________ svá sem þér ____________.
7. Ek ____________ íslenzkr maðr.
8. Baldr ____________ fagr ok bjartr.
9. Þær ____________ inn í búðina.
10. Víkingar ____________ menn.
11. Þar ____________ hann fagra konu.

3. Após corrigir o exercício anterior, traduza as frases usando o glossário abaixo.

allr adj. todo
búð f. morada temporária na assembleia, tenda
drepa : matar
fyrir konung : diante do rei
ganga v. caminhar, andar, ir (a pé)
hafa v. ter
heita v. chamar-se, ser denominado
inn í (+ ac.) : para dentro de
íslenzkr adj. islandês
konung : rei (forma flexionada de *konungr*)
kveðja v. saudar
margr adj. muito
menn pl. de maðr
mikill fyrir sér : poderoso, imponente
ríða v. cavalgar
segja v. dizer, contar
sjá (1ª. pessoa ek sé) : ver (+ ac.)
stórr adj. grande
svá sem : bem como, assim como
synir pl. de *sonr*
taka v. pegar, tomar
til alþingis : para a assembleia geral
vel adv. bem
víkingar pl. de víkingr

4. Leia a descrição de uma batalha naval (adaptada de *Brennu-Njáls saga*) e faça o que se pede a seguir.

Síðan **verðr**(1) þar orrosta mikil, ok **sœkja**(2) víkingar seint skip Hrúts. Úlfr **gengr**(3) vel fram. Hann **høggr**(4) ok **leggr**(5). Ásólfr **heitir**(6) stafnbúi Atla; hann **hleypr**(7) upp á skip Hrúts ok **drepr**(8) fjóra menn, áðr en Hrútr **sér**(9) hann; **snýr**(10) hann þá í móti honum. Þá **leggr**(11) Ásólfr í skjǫld Hrúts ok í gegnum, en Hrútr **høggr**(12) til hans ok **drepr**(13) Ásólf svá. Þetta **sér**(14) Úlfr óþveginn ok **mælir**(15): „Þú **høggr**(16) stórt, Hrútr, en þú **átt**(17) mikit at launa Gunnhildi." Hrútr **segir**(18): „Þú **mælir**(19) feigum munni." Nú **sér**(20) Atli beran vápnastað á Úlfi ok **skýtr**(21) spjóti í gegnum hann. Nú **verðr**(22) orrosta hǫrð. Atli **hleypr**(23) upp á skip at Hrúti ok **drepr**(24) marga menn; ok nú **snýr**(25) í móti honum Ǫzurr ok **leggr**(26) til hans ok **fellr**(27) sjálfr á bak aptr, því at annarr maðr **leggr**(28) til hans. Hrútr **snýr**(29) nú í móti Atla; hann **høggr**(30) þegar í skjǫld Hrúts ok **brýtr**(31) allan niðr. Þá **fær**(32) Atli steinshǫgg á hǫndina, ok **fellr**(33) niðr sverðit. Hrútr **tekr**(34) sverðit ok **høggr**(35) undan honum fótinn; síðan **veitir**(36) hann honum banasár. Þar **taka**(37) þeir fé mikit ok **hafa**(38) með sér tvau skip, þau er bezt **eru**(39).

a) Relacione as formas de presente dos verbos numeradas no texto aos seus respectivos infinitivos, listados abaixo (busque o seu significado no glossário ao final do livro):

> *brjóta drepa eiga falla fá ganga hafa heita hlaupa*
> *hǫggva leggja mæla segja sjá skjóta snúa sœkja*
> *taka veita vera verða*

b) Em que pessoa e número cada forma conjugada está? Quando ocorre mutação frontal e por quê?

c) Como o auxílio do glossário abaixo, traduza o texto.

allan : todo, inteiro (forma flexionada de **allr**)
annarr : outro
at 1. prep. em || 2 complementizador antes de inf.: para, a (antes de **launa**)
Atla : forma flexionada de Atli m.
á : em
áðr en : antes que
Ásólf : forma flexionada de Ásólfr, servindo como objeto do v. *drepr*
bak n. costas, atrás || á bak aptr para trás (de costas)
banasár n. ferimento mortal
beran vápnastað : local descoberto onde pode ser ferido por arma
bezt : melhores || *þau er bezt eru* aqueles que são melhores
feigr adj. fadado à morte || *feigum munni* com a boca fadada à morte (isto é, as palavras pronunciadas atraem a morte)
fé n. dinheiro, riqueza, fortuna
fjóra : quatro
fram : em frente, adiante
Gunnhildi : forma flexionada do nome **Gunnhildr** f., a Gunnhildr (complemento de **launa**)
hans : ele (forma flexionada, como complemento de **til**)
hǫndina : a mão (forma flexionada de hǫndin, subst. com art. def.)
honum : ele (forma flexionada como complemento de **móti** e **undan**) || a ele (complemento de **veitir**)
Hrúts : de Hrútr m.
í : em || *í móti* contra || *í gegnum* através
launa v. repagar, recompensar
með sér : consigo
niðr : embaixo, para baixo, abaixo
nú : agora
þegar : imediatamente
orrosta f. batalha
óþveginn adj. não-lavado, imundo (um apelido)
seinn adj. lento, demorado || n. *seint* usado adverbialmente: com demora
síðan : em seguida
sjálfr : ele próprio
skip n. navio
skjǫldr m. escudo
spjóti : forma flexionada de **spjót** n. lança
stafnbúi m. homem do castelo de proa (num navio de guerra)
steinshǫgg n. golpe de pedra, pedrada
stórt : grandemente (n. sing. usado adverbialmente)
svá : assim
til : em direção a
tvau : dois
undan prep. e adv. de baixo, a partir de baixo || undan honum fótinn debaixo dele a perna (decepa-lhe a perna)
upp adv. em cima, para cima, acima
Úlfi forma flexionada de **Úlfr** m. nome próprio
vel adv. bem
víkingr m. pirata, saqueador, guerreiro inimigo (o termo não designa, em hipótese alguma, uma origem étnica)
þar adv. lá
þetta : isto

Vocabulário a ser memorizado

drepa	nafn
eiga	norn
fara	ríða
ganga	segja
hafa	sitja
heita	sjá
kjósa	standa
konungr	taka
margr	vita
mega	þar

Unidade 5

Leitura: O freixo Yggdrasill (*Gylfaginning* 15-16)

Askrinn er allra tréa mestr ok beztr. Limar hans dreifask yfir heim allan ok standa yfir himni. Þrjár rœtr trésins halda því upp ok standa afar breitt. Ein er með Ásum, en ǫnnur með hrímþursum, þar sem forðum var Ginnungagap. In þriðja stendr yfir Niflheimi, ok undir þeiri rót er Hvergelmir, en Níðhǫggr gnagar neðan rótna.

En undir þeiri rót er til hrímþursa horfir, þar er Mímis brunnr, er spekð ok mannvit er í fólgit, ok heitir sá Mímir er á brunninn. Hann er fullr af vísindum fyrir því at hann drekkr ór brunninum af horninu Gjallarhorni. Þar kom Alfǫðr ok beiddisk eins drykkjar af brunninum, en hann fekk eigi fyrr en hann lagði auga sitt at veði. Svá segir í Vǫluspá:

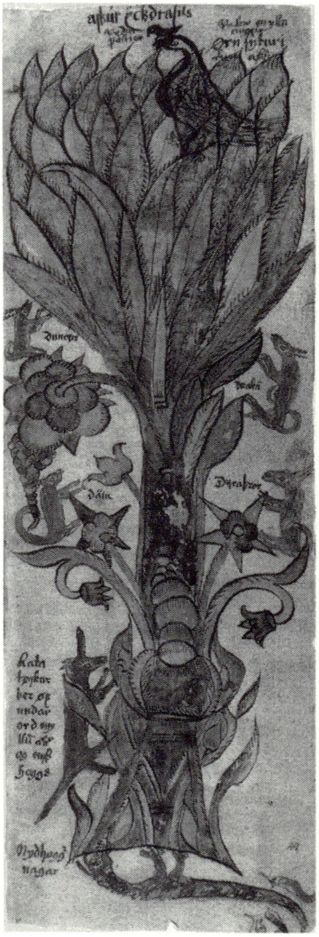

O freixo Yggdrasill. Manuscrito AM 738 4to (séc. XVII).

Óðinn, por Lorenz Frølich

Allt veit ek Óðinn
hvar þú auga falt,
í þeim inum mæra
Mímis brunni.
Drekkr mjǫð Mímir
morgun hverjan
af veði Valfǫðrs.
Vituð þér enn eða hvat?

Þriðja rót asksins stendr á himni, ok undir þeiri rót er brunnr sá er mjǫk er heilagr er heitir Urðar brunnr. Þar eigu guðin dómstað sinn. Hvern dag ríða Æsir þangat upp um Bifrǫst. Hon heitir ok Ásbrú.

Hestar Ásanna heita svá: Sleipnir er baztr – hann á Óðinn, hann hefir átta fœtr; annarr er Glaðr, þriði Gyllir, fjórði Glær, fimti Skeiðbrimir, sétti Silfrtoppr, sjaundi Sinir, átti Gils, níundi Falhófnir, tíundi Gulltoppr, Léttfeti ellipti. (...) En Þórr gengr til dómsins ok veðr ár þær er svá heita:

Þórr caminha enquanto os Æsir cavalgam, por Lorenz Frølich

Kǫrmt ok Ǫrmt
ok Kerlaugar tvær,
þær skal Þórr vaða
dag hvern
er hann dœma skal
at aski Yggdrasils,
þvíat Ásbrú
brenn ǫll loga,
heilug vǫtn hlóa.

(...)

Ǫrn einn sitr í limum asksins, ok er hann margs vitandi, en í milli augna honum sitr haukr sá er heitir Veðrfǫlnir. Íkorni sá er heitir Ratatoskr renn upp ok niðr eptir askinum ok berr ǫfundarorð milli arnarins ok Níðhǫggs. En fjórir hirtir renna í limum asksins ok bíta barr. Þeir heita svá: Dáinn, Dvalinn, Duneyrr, Duraþrór. En svá margir ormar eru í Hvergelmi með Níðhǫgg at engi tunga má telja. Svá segir hér:

Askr Yggdrasils
drýgir erfiði
meira en menn viti.
Hjǫrtr bítr ofan
en á hliðu fúnar,
skerðir Níðhǫggr neðan.

(...)

Enn er þat sagt at nornir þær er byggja við Urðar brunn taka hvern dag vatn í brunninum ok með aurinn þann er liggr um brunninn, ok ausa upp yfir askinn til þess at eigi skyli limar hans tréna eða fúna. (...)

Glossário

af horninu Gjallarhorni : do chifre Gjallarhorn
af veði Valfǫðrs : do penhor de Valfǫðr, isto é, do poço de Mímir onde Óðinn (Valfǫðr) depositou seu olho como penhor
af vísindum : de sabedorias, de conhecimentos (**vísindi** n. pl.)
afar : muitíssimo, extremamente
allr (**ǫll**, **allt**) adj. todo
allra tréa : de todas as árvores
askinn : forma flexionada de **askr(inn)**
askr (pl. **askar**) m. freixo
asksins : do freixo
at aski Yggdrasils : no freixo Yggdrasill
at veði : como voto, como garantia
auga n. olho
aurinn þann er : aquela lama que (**aurr** m. lama, barro)
ausa v. borrifar, aspergir, regar
á (pl. **ár**) f. rio (*ár þær er...* : aqueles rios que...)
á prep. em
á himni : no céu
á hliðu : no lado, no flanco
átta num. card. oito
átti num. ord. oitavo
barr n. folha acicular (em pinheiros) || na expressão *bíta barr* : morder a folhagem
baztr : variante de ▶ **beztr**
beiddisk eins drykkjar af brunninum : pediu um gole do poço
beztr adj. superl. melhor
breiðr (**breið**, **breitt**) adj. largo || a forma de n. sing. aqui com sentido adverbial
brenna v. queimar, arder

brunni : forma flexionada de ▶ **brunnr**
brunnr m. poço || *brunnr sá er* : aquele poço que, um poço que
byggja v. habitar
dag hvern er hann dœma skal : todo dia quando ele for julgar
dómstað sinn : seu local de julgamento, seu tribunal (**dómstaðr**, pl. **dómstaðir**, m.)
dreifask : espalham-se, estendem-se
drekka v. beber
drýgja v. suportar
einn (ein, eitt) num. card. um
ellipti num. ord. décimo primeiro
engi pron. nenhuma || *engi tunga*: nenhuma língua
eptir askinum : ao longo do freixo, pelo freixo
erfiði n. dificuldade, problema, pena
falt : escondeste, depositaste (pret. do v. *fela*, 2a. sing.)
fekk : obteve (pret. do v. *fá*, 3a. sing.)
fimti num. ord. quinto
fjórði num. ord. quarto
fjórir num. card. quatro
forðum adv. antigamente
fólgit part. pret. (de *fela*) escondido, depositado || *er spekð ok mannvit er í fólgit*: onde sabedoria e inteligência estão depositadas, escondidas
fótr (pl. **fœtr**) m. pé, perna
fullr (full, fullt) adj. cheio
fúna v. apodrecer
fyrir því at : porque, porquanto
fyrr en : antes que
gnaga v. roer
guð n. pl. deuses (*guðin*: os deuses)
halda því upp : a sustentam, a seguram de pé
haukr (pl. **haukar**) m. falcão (*haukr sá er*: aquele falcão que, um falcão que)
heim allan : o mundo inteiro
heimr (pl. **heimar**) m. mundo
himinn (pl. **himnar**) m. céu
hirtir : pl. de **hjǫrtr**
hjǫrtr (pl. **hirtir**) m. veado
hlóa v. ferver, borbulhar
horfa v. apontar para, estar direcionado para
hvar pron. onde
hvat pron. que
hvern dag : todo dia, a cada dia
í brunninum : no poço
í Hvergelmi : em Hvergelmir
í limum asksins : nos galhos do freixo
í milli augna honum : entre os olhos dele (da águia, **ǫrn** m.)
í þeim inum mæra Mímis brúnni : naquele esplêndido poço de Mímir
íkorni m. esquilo || *íkorni sá er...* aquele esquilo que, um esquilo que
kom : veio, chegou (pret. do v. **koma**, 3a. sing.)
lagði : pôs (pret. do v. **leggja**, 3a. sing.)
liggja v. jazer, estar situado
limar f. pl. galhos
loga : com chama
mannvit n. inteligência, intelecção
margs vitandi : sabedor de muito, conhecedor de muitas coisas
má : pode (do verbo *mega*)
með Ásum : com os Æsir
með hrímþursum : com os gigantes do gelo
með Níðhǫgg : com Níðhǫggr
meira en menn viti : mais do que as pessoas sabem
mestr adj. superl. máximo, maior
milli arnarins ok Níðhǫggs : entre a águia e Níðhǫggr
Mímis : de Mímir
mjǫð objeto de *drekkr,* forma flexionada de **mjǫðr** *m.* hidromel
morgun hverjan : toda manhã, a cada manhã
neðan adv. de baixo
niðr adv. para baixo, embaixo

Niflheimi : forma flexionada de Niflheimr
níundi num. ord. nono
ofan adv. de cima, do alto, em cima
ok með : e junto com isso, e também
ormr (pl. **ormar**) m. serpente
ór brunninum : do poço
rót (pl. **rœtr**) f. raiz
rótna : a raiz (obj. de ▶ **gnaga**)
sagt part. pret. dito (*er þat sagt at*: é dito que, conta-se que)
sá pron. aquele || *ok heitir sá Mímir er á brunninn*: e chama-se Mímir aquele que tem o poço
sétti num. ord. sexto
sitt : seu
sjaundi num. ord. sétimo
skal Þórr vaða : Þórr passará a pé
skerða v. tirar pedaços, danificar
spekð f. sabedoria
svá margir... at : tantos ... que
telja v. contar
til dómsins : para o tribunal
til hrímþursa : em direção aos gigantes de gelo
til þess at eigi skyli limar hans... : afim de que seus galhos não venham a...
tíundi num. ord. décimo
tréna v. secar, morrer
trésins : da árvore
tunga f. língua
um Bifrǫst : por Bifrǫst
um brunninn : em torno do poço
undir þeiri rót... : sob aquela raiz...
upp adv. em cima, para cima
Urðar : de Urðr
vaða v. vadear (andar por trecho raso de rio, lago etc.)
var : era, havia, ficava (pret. de **er**)
við Urðar brunn : junto ao poço de Urðr
Vituð þér enn eða hvat? : Sabeis vós já, ou o quê?
yfir prep. sobre, por cima
yfir himni : sobre o céu
þangat upp : até lá em cima
þar sem : onde
þriðja num. ord. terceira
þrjár num. card. três
ǫfundarorð n. palavra de inveja, palavra insidiosa
ǫrn (pl. **ernir**) m. águia

Gramática

5.1. O caso acusativo: noções gerais

Você tem observado ao longo dos textos como diversas palavras aparecem com formas diferentes quando servem de complemento para verbos ou preposições:

(a) Þórr á **hafra tvá**.
(b) **Hafrarnir** draga reiðna.
(c) Góðar nornir skapa **góðan aldr**.
(d) Þá leggr **Ásólfr** í skjǫld Hrúts ok í gegnum,

(e) en Hrútr høggr til hans ok drepr **Ásólf** svá.
(f) En undir þeiri rót er til hrímþursa horfir, þar er Mímis **brunnr**, ok heitir sá Mímir er á **brunninn**.
(g) Nornir þær er byggja við Urðar **brunn** taka **hvern dag vatn** í brunninum.
(h) Limar hans dreifask yfir **heim allan**.

Em (a) e (b), compare as formas **hafra** e **hafrarnir** (*hafrar+inir*). Em (a), **hafra** é objeto do verbo **á**, ao passo que em (b) a forma **hafrarnir** é o sujeito de **draga**. **Hafrar** é o nominativo plural, e a forma **hafra** é o acusativo plural, servindo como objeto do verbo **á**. Compare (d) e (e) e observe como o nome próprio **Ásólfr** também aparece ora com o -r final, ora sem: em (e), **Ásólf** é objeto do verbo **drepr**, e assim está no acusativo; em (d), **Ásólfr** é o sujeito de **leggr**, e assim está no nominativo. Do mesmo modo, em (f) você pode observar **brunnr** como sujeito de **er** e **brunninn** (*brunn+inn*) como objeto de **á**. Em (c), preste atenção às formas do adjetivo **góðr:** você já estudou a flexão forte dos adjetivos no nominativo (*góð-r, góð-, got-t; góð-ir, góð-ar, góð-*); sabendo que **góðar nornir** é a forma de nominativo plural (sujeito de **skapa**), note que o objeto do verbo é o sintagma **góðan aldr**. Você lembra que os substantivos masculinos fortes têm desinência de nom. sing. **-r**, e pôde perceber em (d) e (e) e em (f) a perda do **-r** no acusativo singular. No caso de **aldr**, a terminação **r** não é desinência (<*aldrr), e assim o acusativo não é diferente do nominativo (pois o -r já se perdeu no nom.). Mas o adjetivo apresenta uma forma nova: **góð-an**. A mesma desinência -an você encontra em (h): **heim allan** é o acusativo de **heimr allr**, servindo aqui como complemento da preposição **yfir**. Por fim, observe (g): aqui nós temos três acusativos. O verbo principal é **taka**, cujo sujeito é **nornir** e o objeto é **vatn**. O substantivo **vatn**, assim como todos os neutros, apresenta acusativo igual ao nominativo. Além do objeto do verbo, estão no acusativo **brunn** (objeto da preposição **við**), a mesma forma, agora sem o artigo, que você encontrou em (f), e a locução adverbial **hvern dag**. Esta última representa um uso importante do acusativo, que você pôde observar em outros trechos da leitura inicial da lição: **morgun hverjan, dag hvern**. Expressões adverbiais de tempo muitas vezes aparecem flexionadas no acusativo, sem preposição.

O acusativo não foi a única forma flexionada que você viu nos textos. Observe como você já viu **askr** flexionado nos quatro casos (askr nom., ask ac., asks gen., aski dat.):

(i) **Askr-inn** er allra tréa mestr ok beztr.
(j) Þriðja rót **asks-ins** stendr á himni.
(k) Ratatoskr renn upp ok niðr eptir **aski-num**.
(l) Nornir ausa upp yfir **ask-inn**.

Em (i) nominativo, em (j) genitivo, em (k) dativo e em (l) acusativo – todas as formas com o artigo definido, que destacamos com hífen, para você enxergar com clareza as formas do substantivo.

As funções dos outros casos serão vistas nas próximas lições. Dependendo da regência do verbo ou da preposição, o complemento estará no acusativo, no dativo ou no genitivo, mas **nunca no nominativo, que é o caso exclusivo do sujeito e do predicativo do sujeito**, como vimos na unidade 3. Muitas vezes, verbos que em português tomariam um objeto direto (ex.: *eiga*, "ter") exigem complemento no acusativo. Assim, o acusativo é (idealmente falando) o caso primariamente do objeto direto. Entretanto, há verbos que exigem complemento no dativo ou no genitivo, e assim **é fundamental observar, ao aprender um verbo novo, qual a sua regência**. Alguns verbos podem também reger mais de um caso, com diferenças de significado. Do mesmo modo, preposições regem um caso (ac., dat. ou gen.), ou mais de um caso, com diferença de significado também ou com nuance distinta, e é importante, ao aprender o significado de uma preposição, observar sua(s) regência(s). Os dicionários mostram a regência, e assim nós passaremos a fazer nos próximos glossários, à medida que você for estudando os demais casos.

Verbos que você já viu que regem acusativo: *eiga, draga, drepa, skapa, bera, fá, hafa, kjósa, vita, ausa* (estará no acusativo aquilo que sofre a ação de borrifar, não a substância com que se borrifa), *gnaga, leggja, drekka, taka, vaða, senda, ríða, bíta, heyra, mæla, segja* (observe que *segja* rege dois objetos, e somente estará no ac. o objeto direto, i.e. aquilo que se diz).

As regências preposicionais serão assunto para os próximos volumes, pois você compreenderá melhor algumas questões após estudar o dativo e o genitivo.

Importante:
Você terá pela frente uma série de tabelas com desinências, mas é fundamental encarar este processo da maneira certa: você compreenderá plenamente a função de cada caso após ter estudado todos, pois eles dividem tarefas na língua e é mais fácil compreendê-los comparativamente. Todo sistema linguístico opera por meio de contrastes. A primeira etapa é conhecer a função mais básica de cada caso (semântica e sintaxe) e os paradigmas flexionais (morfologia). Uma etapa futura será observar questões mais pontuais referentes aos usos dos casos e recapitular a morfologia, com maior atenção a alguns detalhes que, por ora, deixamos de lado. Se a quantidade de formas parece grande, acredite: à medida que você for estudando os casos, tudo parecerá mais natural nos textos. A cada caso novo estudado, adicionaremos uma linha às tabelas, e o quebra-cabeças das formas assim irá se completando.

Observe atentamente que há paradigmas distintos para a flexão dos pronomes e artigos, dos adjetivos e dos substantivos. Antes de partir para o estudo da morfologia, guarde estes princípios gerais: masculinos normalmente apresentam formas de acusativo distintas do nominativo; femininos muitas vezes apresentam nominativo e acusativo diferentes no singular, mas no plural nominativo e acusativo iguais; neutros são sempre iguais no nominativo e acusativo. Logo, você não terá pela frente tantas formas novas, mas *é fundamental saber quando esperar flexão de acusativo*.

5.2. Pronomes pessoais: acusativo

Assim como o português tem pronomes no caso reto e no caso oblíquo (*eu→me, tu→te, ele→o* etc.), o nórdico possui pronomes que servem exclusivamente como sujeito e predicativo (nominativo) e pronomes que servem como objeto (pronomes oblíquos): *ek→mik, þú→þik* etc. Em breve você estudará as demais formas oblíquas (dat. e gen.). Observe as formas de acusativo de todos os pronomes pessoais:

	nominativo	*acusativo*
1ª. sing.	**ek**	**mik**
2ª. sing.	**þú**	**þik**
3ª. sing. m.	**hann**	**hann**
3ª. sing. f.	**hon**	**hana**
3ª. sing. n.	**þat**	**þat**
1ª. pl.	**vér**	**oss**
1ª. dual	**vit**	**okkr**
2ª. pl.	**þér**	**yðr**
2ª. dual	**þit**	**ykkr**
3ª. pl. m.	**þeir**	**þá**
3ª. pl. f.	**þær**	**þær**
3ª. pl. n.	**þau**	**þau**

Note que a 3ª. pessoa do singular masculina e neutra e a 3ª. pessoa do plural feminina e neutra não apresentam diferença entre nominativo e acusativo. Sendo assim, para *hann, þat, þœr* e *þau* é o contexto da frase ou a forma do verbo que nos dirá se o pronome é sujeito ou objeto. Você já viu nas leituras algumas frases em que esses pronomes surgem como objeto:

(a) **Þær** kǫllum vér nornir.
(b) Sleipnir er baztr – **hann** á Óðinn, **hann** hefir átta fœtr.

Em **(a)** como sabemos que **þær** é objeto do verbo e não sujeito? O verbo está conjugado na 1ª. pessoa do plural e o pronome **vér** está expresso; logo, **þær** não pode ser sujeito, e deve ser entendido como objeto. Sendo assim, temos aqui a forma de acusativo de **þær**, que é idêntica à forma de nominativo. Em **(b)** o pronome **hann** aparece duas vezes, primeiro como objeto do verbo **á**, depois como sujeito do verbo **hefir**. Como podemos saber? Em *hann á Óðinn* o verbo está conjugado na 3ª. pessoa do singular, e o sujeito precisa ser ou um pronome de 3ª. pessoa do singular no nominativo (*hann*, *hon*, *þat*) ou um substantivo ou qualquer outro pronome, no singular nominativo; no caso, **Óðinn** é a forma de nominativo (o acusativo é *Óðin*), e não poderia ser o objeto do verbo, logo sabemos que **hann** cumpre a função de objeto, e deve ser entendido como acusativo. Já em *hann hefir átta fœtr* temos o verbo conjugado na 3ª. pessoa do singular com o pronome **hann** de um lado e o sintagma **átta fœtr** do outro; como **átta fœtr** é plural, só poderia ser o sujeito se o verbo estivesse conjugado na 3ª. pl. (*eigu*). Além dessa tática de identificar o sujeito por exclusão, deve-se buscar também compreender o contexto, em casos de maior ambiguidade gramatical.

Como você verá a seguir, além dos pronomes de 3ª. pessoa, também substantivos, adjetivos e artigos definidos podem apresentar formas de acusativo que são iguais às respectivas formas de nominativo.

5.3. Substantivos

Nesta etapa, veremos os padrões mais gerais de formação de acusativo, sem nos determos em detalhes fonéticos, palavras desviantes e irregularidades.

Os **substantivos masculinos** normalmente apresentam acusativo diferente do nominativo, com exceção de alguns fortes que têm, no singular, assimilação da desinência (hafr- <*hafrr). Os masculinos fortes têm acusativo singular com a forma radical: *askr* → ac. *ask*; *Óðinn* → ac. *Óðin*. O acusativo plural dos masculinos fortes costuma seguir o princípio de perda da terminação -r (quando o plural tem *-ir* no nominativo, o acusativo é *-i*; quando *-ar* no plural nominativo, acusativo *-a*): *Æsir* → *Æsi*; *konungar*→*konunga*. Contudo, há masculinos fortes que formam acusativo plural com -u: *synir*→*sonu, kettir*→*kǫttu*. Já os masculinos fracos sempre formam acusativo singular e plural com *-a* (mesma forma para singular e plural): *bogi, bogar* nom. → *boga, boga* ac.

Singular:

nom.	hest-**r**	stað-**r**	son-**r**	hafr- (<*hafr-r)	bog-**i**
ac.	hest-	stað-	son-	hafr-	bog-**a**

Plural:

nom.	hest-**ar**	stað-**ir**	syn-**ir**	hafr-**ar**	bog-**ar**
ac.	hest-**a**	stað-**i**	syn-**i**/**son-u**	hafr-**a**	bog-**a**

Os **substantivos femininos** muitas vezes apresentam acusativo igual ao nominativo. Os femininos fortes regularmente não ganham terminação de acusativo, mas há alguns que apresentam desinência *-u* e ainda uns (notadamente nomes próprios femininos) que têm singular nominativo com *-r* e ac. com *-i*: *Gunnhildr→Gunnhildi*. Os femininos fracos, como *saga*, por sua vez, apresentam sempre o singular acusativo em *-u*, distinguindo-o do nominativo em *-a*. Atenção: a desinência *-u* de acusativo causa mutação labial, exatamente como você já verificou com -ur de plural. No plural, os femininos não apresentam distinção entre nominativo e acusativo.

Singular:

nom.	búð-	øx-	Gunnhild-**r**	rót-	jǫrð-	sag-**a**
ac.	búð-	øx-**i**	Gunnhild-**i**	rót-	jǫrð-	sǫg-**u**

Plural:

nom.	búð-**ir**	øx-**ar**	*sem plural*	rœt-**r**	jarð-**ir** / jarð-**ar**	sǫg-**ur**
ac.	búð-**ir**	øx-**ar**		rœt-**r**	jarð-**ir** / jarð-**ar**	sǫg-**ur**

Por fim, os **substantivos neutros** apresentam sempre acusativo igual ao nominativo, e por isso não há necessidade de analisá-los nesta Unidade.

Em suma, as desinências **mais comuns** de acusativo para os substantivos são:

► Masculino ac. sing.: - (fortes), -a (fracos); ac. pl.: -i (fortes), -a (fortes e fracos), -u (fortes).

► Feminino ac. sing.: - (fortes), -u (fracos), ac. pl. sempre igual ao nom. pl.

► Neutro ac. sing. e pl. sempre igual à respectiva forma de nominativo.

5.4. Adjetivos: forma forte

As desinências dos adjetivos são consideravelmente diferentes das que você encontrou nos substantivos. Lembre-se: a flexão dos adjetivos é bastante regular, e é importante aprendê-la bem, diferenciando-a dos paradigmas dos substantivos. Observe o quadro com alguns adjetivos que você já conhece, flexionados agora no acusativo:

Singular:

	m.	*f.*	*n.*
nominativo	sterk-**r** stór-**r** há-**r** djarf-**r** góð-**r** fagr- (<*fagr-r)	sterk- stór- há- djǫrf- góð- fǫgr-	sterk-**t** stór-**t** hát-**t** djarf-**t** got-**t** fagr-**t**
acusativo	sterk-**an** stór-**an** háv-**an** djarf-**an** góð-**an** fagr-**an**	sterk-**a** stór-**a** háv-**a** djarf-**a** góð-**a** fagr-**a**	sterk-**t** stór-**t** hát-**t** djarf-**t** got-**t** fagr-**t**

Plural:

	m.	*f.*	*n.*
nominativo	sterk-**ir** stór-**ir** háv-**ir** djarf-**ir** góð-**ir** fagr-**ir**	sterk-**ar** stór-**ar** háv-**ar** djarf-**ar** góð-**ar** fagr-**ar**	sterk- stór- há- djǫrf- góð- fǫgr-
acusativo	sterk-**a** stór-**a** háv-**a** djarf-**a** góð-**a** fagr-**a**	sterk-**ar** stór-**ar** háv-**ar** djarf-**ar** góð-**ar** fagr-**ar**	sterk- stór- há- djǫrf- góð- fǫgr-

Note bem: todas as formas neutras apresentam sempre nominativo e acusativo idênticos. Além disso, no plural o feminino tem nominativo e acusativo iguais. Observe também, por fim, que o acusativo plural masculino é igual ao acusativo singular feminino, e que o plural neutro é igual ao nominativo singular feminino, como já observamos ao apresentar o caso nominativo (cf. 3.3). Resumimos as desinências dos adjetivos nos quadros abaixo:

Singular:

	m.	*f.*	*n.*
nominativo	**-r**	-	**-t**
acusativo	**-an**	**-a**	**-t**

Plural:

	m.	*f.*	*n.*
nominativo	**-ir**	**-ar**	-
acusativo	**-a**	**-ar**	-

Você tem apenas duas formas novas para memorizar: *-an* (acusativo singular masculino) e *-a* (acusativo singular feminino e acusativo plural masculino).

5.5. Artigos definidos

Assim como ocorre com os pronomes pessoais de 3ª. pessoa, o artigo definido apresenta no acusativo formas diferentes do nominativo apenas para o feminino singular e o masculino plural (em ambos os casos a mesma forma).

Singular:

	m.	*f.*	*n.*
nom.	**inn**	**in**	**it**
ac.	**inn**	**ina**	**it**

Plural:

	m.	*f.*	*n.*
nom.	**inir**	**inar**	**in**
ac.	**ina**	**inar**	**in**

Para facilitar a memorização, note bem a semelhança entre os artigos definidos e os pronomes pessoais de terceira pessoa.

O artigo definido, ao ser sufixado na forma de acusativo, perde a vogal **i** quando incide diretamente sobre uma vogal: *konunga* + *ina*

→ *konungana*, *sǫgu* + *ina* → *sǫguna*. Quando incide sobre o radical consonantal de um substantivo forte, permanece o **i** do artigo: *konung* + *inn* → *konunginn*, *búð* + *ina* → *búðina*. As formas de acusativo que são iguais às respectivas de nominativo seguem o padrão de sufixação do artigo já visto em 2.5. Futuramente retomaremos algumas questões referentes aos usos do artigo.

5.6. Duas palavras irregulares muito frequentes: *mikill*, *maðr*

O substantivo *maðr* e o adjetivo *mikill* estão entre os vocábulos mais frequentes do *corpus* literário nórdico medieval. Apresentam irregularidades em sua flexão e é fundamental estudá-los à parte.

A forma de nominativo singular *maðr* é irregular, sendo originada de uma acomodação fonética (<**mannr*). Em todas as demais formas o radical é *mann-* (*menn-*, *mǫnn-* com mutação vocálica). Também é irregular o plural nominativo sem desinência.

	sing.	*pl.*
nom.	**maðr**	**menn**
ac.	**mann**	**menn**

O adjetivo *mikill* você já estudou no nominativo. A perda da vogal -i- ao acréscimo de desinências com vogal (síncope) não é irregular, sendo um fenômeno normal na flexão do nórdico (*jǫtunn*, pl. *jǫtnar* – e não **jǫtunar* – ver 2.4). Mas é o acusativo singular masculino que apresenta forma desviante do padrão dos adjetivos regulares, seguindo aqui mais o paradigma de alguns pronomes.

	m.	*f.*	*n.*
nom.	**mikill**	**mikil**	**mikit**
ac.	**mikinn**	**mikla**	**mikit**

Plural:

	m.	*f.*	*n.*
nom.	**miklir**	**miklar**	**mikil**
ac.	**mikla**	**miklar**	**mikil**

Flexiona-se como *mikill* o adjetivo *lítill.*

Exercícios

1. Para cada substantivo, selecione a forma correta do adjetivo proposto. Em seguida analise a forma (diga o gênero, número e caso).

1. nafn
   heilagr helgir heilagt
2. hesta
   góðr góða góðan
3. hestar
   góðir góðar gott
4. jǫtun
   mikinn miklar mikill
5. sǫgur
   helgir helgar heilug
6. konungr
   ill illr illir
7. sverð
   bjartr bjartar bjǫrt
8. konu
   fagra fagr fǫgr
9. bǫrn
   margar margir mǫrg
10. hǫll
   bjart bjarta bjartan
11. íkorna
   illr ill illan
12. rœtr
   stórr stór stórar

2. Analise as formas, indicando como é o substantivo sem o artigo, e como seria o respectivo artigo separado, como nos exemplos.

øxarnar – substantivo feminino plural no nominativo ou acusativo *øxar + inar*

jǫtuninn – substantivo masculino singular no acusativo *jǫtun + inn*

1. bǫrnin	8. hestrinn
2. ernirnir	9. búðina
3. konuna	10. vǫlurnar
4. íkornann	11. Æsirnir
5. sverðit	12. konungana
6. jǫrðina	13. hǫllina
7. búðirnar	14. hestinn

3. Leia as frases abaixo, sem se preocupar com o vocabulário novo num primeiro momento. Identifique as formas verbais e o sujeito. Veja se é singular ou plural, 1a., 2a. ou 3a. pessoa. Veja se você consegue deduzir a forma de infinitivo do verbo. Em seguida, identifique os acusativos e tente deduzir número e gênero; tente, finalmente, deduzir a forma de nominativo singular. Por fim, traduza as frases.

Exemplo: Signý sendir hann til móts við Sigmund.

verbo: *sendir*, 3ª. sing., inf. *senda*

sujeito: *Signý* (nome próprio feminino)

objeto (ac.): *hann* (pron. 3ª. sing. m.)

Sigmund: ac. de *Sigmundr*, objeto da prep. *við*

Tradução: Signý o envia ao encontro de Sigmundr.

1. Hon sendir hann í jarðhúsit.
2. Nú sér hann, hvar sitja tveir menn miklir ok grimmligir, ok hafa síða hjálma ok hvítar brynjur.
3. Nú hleypr barnit í hǫllina.
4. Signý heyrir nú hvat þeir segja.
5. Hon stendr upp ok tekr bǫrnin.
6. Sigmundr segir: 'Eigi vil ek drepa bǫrn þín.'
7. En Sinfljǫti drepr bǫrnin.
8. Hann sér eina fagra konu.
9. Eigi eru allir Vǫlsungar dauðir.
10. Hann biðr systur sína út ganga. Hon gerir svá.
11. Hǫttr er svá hræddr at hann tekr eigi mat né drykk.

12. Egill tekr stein mikinn.
13. Bǫðvarr gengr fyrir konung ok kveðr hann kurteisliga. Konungr spyrr hann at nafni.
14. Hann á einn son ungan.
15. Hann á konu unga ok fríða.
16. Þar sjá þeir vænar borgir ok fagra kastala ok konungs atsetu.
17. Útgarðaloki segir at þat má vel vera ok gengr inn í hǫllina ok kallar skutilsvein sinn.

Glossário

allr adj. todo
at nafni : quanto ao nome, sobre o nome
atseta f. morada, residência, sede
biðja v. pedir
borg f. pequena colina || forte, fortificação || cidadela, cidade
brynja f. cota de malha
dauðr adj. morto
drykkr (pl. -ir) m. bebida
einn : um (ac. m.)
eina : uma (ac. f.)
fríðr adj. belo, formoso
fyrir prep. diante de
gera v. fazer
grimmligr adj. aterrorizante, assustador
heyra v. ouvir, escutar
hjálmr (pl. -ar) m. elmo
hlaupa v. pular, correr
hræddr adj. assustado
hvar pron. int. e rel. onde
hvítr adj. branco
hǫll f. salão
í prep. em || **inn í** : adentro, para dentro de
jarðhús n. quarto subterrâneo
kastali m. castelo, fortaleza
konungs : do rei
kurteisliga adv. de maneira cortês, educadamente, elegantemente
matr (pl. -ir) m. refeição, comida
né adv. nem
nú adv. agora
senda v. mandar, enviar
sinn : seu (ac. m. sing.)
síðr adj. longo
sína : sua (ac. concordando com *systur*)
skutilsveinn m. serviçal, pajem
spyrja *v.* perguntar
steinn m. pedra
svá adv. assim || então
þinn (þín, þitt) adj. poss. teu
til móts við (com ac.) : ao encontro de
tveir : dois
ungr adj. jovem
út : fora, para fora
Útgarðaloki m. nome próprio, um gigante
vilja v. desejar, querer
vænn adj. belo
Vǫlsungar m. pl. os Volsungos

4. Leitura adicional: Fáfnismǫ́l, 12-13

Após desferir no dragão Fáfnir o golpe de morte, Sigurðr conversa com o monstro agonizante, de quem aprende muitas coisas.

[Sigurðr spyrr:]
Sęg mér Fáfnir,
alls þik fróðan kveða
ok vęl mart vita:
hvęrjar ro nornir,
es nauðgǫnglar ro
ok kjósa mœðr frá mǫgum.

[Fáfnir segir:]
Sundrbornar mjǫk
sęgik nornir vesa,
ęigut þær ætt saman,
sumar ro áskungar
sumar álfkungar,
sumar dœtr Dvalins.

Ilustração gravada em pedra no século XI, na Suécia (Ramsund, Södermanland), exibindo imagens da lenda de Sigurðr. Em torno da cena tem-se o corpo do dragão Fáfnir; da direita para a esquerda pode-se ver o herói Sigurðr trespassando o coração do monstro com a espada Gramr; uma árvore com os passarinhos que falam com ele; o cavalo Grani; Sigurðr a assar o coração de Fáfnir, provando do sangue da serpente; Reginn estirado, decapitado. Ao longo do corpo da serpente há uma inscrição memorial, aqui transliterada: **siriþr:kiarþi:bur:þosi:muþiR:alriks:tutiR:urms:fur saluhulmkirs:faþir:sukruþar buata:sis**. *A frase significa: "Si(g)ríðr, mãe de Alríkr, filha de Ormr, fez esta ponte para a alma de Hólmgeirr, pai de Sigrøðr, seu marido". Apesar de a ilustração não ter uma relação clara com o conteúdo da inscrição (afora os nomes Sigríðr e Sigrøðr, que evocam Sigurðr por conterem o radical sig-, que significa "vitória", e Ormr, que significa "serpente"), ela é um testemunho da popularidade da lenda de Sigurðr durante a Idade Média na Escandinávia. Esta é uma das muitas inscrições rúnicas em que se encontram elementos da lenda do herói matador de Fáfnir; certamente a mais marcante.*

Glossário

alls conj. já que, porquanto
álfkunnigr adj. aparentado com os elfos, da família dos elfos
áskunnigr adj.aparentado com os deuses, da família dos deuses
dœtr : pl. de **dóttir** f. filha
Dvalins : de **Dvalinn** m. nome próprio, um anão (filhas de Dvalinn: da família dos anões)
eigut : eigu eigi (-t é um sufixo negativo)
es : forma arcaica de *er*
Fáfnir m. nome próprio, um dragão
Fáfnismǫ́l (Fáfnismál) n. pl. Os Ditos de Fáfnir, Dizeres de Fáfnir (título de um poema da Edda poética)
frá prep. de
fróðr adj. sábio, instruído, dotado de conhecimento
hvęrjar : quais, quem (f. pl.)
kjósa mœðr frá mǫgum : literalmente "escolhem mães de filhos". A expressão é de significado obscuro, e há algumas possibilidades de interpretação. 1) "Escolhem (que) as mães (viverão) e os filhos (não)"; 2) separam mães de seus filhos. (Essas duas interpretações são sugeridas por Gísli Sigurðsson em sua edição da Edda poética – cf. p. 233). 3) "Com encantamentos partejam, retiram filhos das mães" (esta terceira interpretação é sugerida por Finnur Jónsson em sua edição da Edda poética, da qual tiramos o excerto – cf. p. 241, nota. Finnur Jónsson admite que seria esperado o dativo em "mães", e ac. em "filhos" como objeto direto, mas considera que o contexto permite esta leitura mesmo com esta sintaxe).
kveða v. dizer, pronunciar, declamar, recitar
mart : margt
mœðr : pl. nom. e ac. de **móðir** f. mãe
mǫgum : filhos, forma flexionada de **mǫgr** m. poet. filho
nauðgǫngull adj. parteiro, que auxilia mulheres no parto
ro : eru
saman adv. junto, conjuntamente
Sigurðr m. nome próprio, o mais célebre dos heróis nórdicos, matador do dragão Fáfnir
sęg mér : diz para mim (imperativo)
sęgik : contração de *segi ek*
spyrja v. perguntar
sumr adj. algum
sundrborinn part. pret. de origens diferentes (flexiona-se como um adjetivo, observe a síncope no f. pl.)
vęl : **vel** adv. bem
vesa : forma arcaica do inf. *vera* (este infinitivo pode ser traduzido flexionado: serem)
ætt f. estirpe, linhagem, família

Vocabulário a ser memorizado

allr	himinn
askr	hǫll
auga	hvar
brunnr	hvat
dauðr	liggja
drekka	skip
fótr	svá
guð	ungr
heimr	vel

Unidade 6

Leitura: Ragnarøkr (*Gylfaginning*, 51)

Hver tíðindi eru þaðan at segja frá um ragnarøkr?

(...)

Mikil tíðindi eru þaðan at segja ok mǫrg. Þau in fyrstu at vetr sá kemr er kallaðr er fimbulvetr. Þá drífr snær ór ǫllum áttum. Frost eru þá mikil ok vindar hvassir. Ekki nýtr sólar. Þeir vetr fara þrír saman ok ekki sumar milli. En áðr ganga svá aðrir þrír vetr at þá er um alla verǫld orrostur miklar. Þá drepask brœðr fyrir ágirni sakar ok engi þyrmir fǫður eða syni í manndrápum eða sifjasliti.

(...)

Þá verðr þat er mikil tíðindi þykkja, at úlfrinn gleypir sólna, ok þykkir mǫnnum þat mikit mein. Þá tekr annarr úlfrinn tunglit, ok gerir sá ok mikit ógagn.

Os lobos perseguem o sol e a lua, por John Charles Dollman.

Stjǫrnurnar hverfa af himninum. Þá er ok þat til tíðenda at svá skelfr jǫrð ǫll ok bjǫrg at viðir losna

Surtr com sua espada flamejante, por John Charles Dollman

ór jǫrðu upp, en bjǫrgin hrynja, en fjǫtrar allir ok bǫnd brotna ok slitna. Þá verðr Fenrisúlfr lauss.

Þá geysisk hafit á lǫndin fyrir því at þá snýsk Miðgarðsormr í jǫtunmóð ok sœkir upp á landit. Þá verðr ok þat at Naglfar losnar, skip þat er svá heitir. Þat er gert af nǫglum dauðra manna (...). En í þessum sævargang flýtr Naglfar. Hrymr heitir jǫtunn er stýrir Naglfara.

En Fenrisúlfr ferr með gapanda munn ok er hinn efri kjǫptr við himni en hinn neðri við jǫrðu. Gapa mundi hann meira ef rúm væri til. Eldar brenna ór augum hans ok nǫsum. Miðgarðsormr blæss svá eitrinu at hann dreifr lopt ǫll ok lǫg, ok er hann allógurligr, ok er hann á aðra hlið úlfinum. Í þessum gný klofnar himinninn ok ríða þaðan Muspells synir. Surtr ríðr fyrst ok fyrir honum ok eptir bæði eldr brennandi. Sverð hans er gott mjǫk. Af því skínn bjartara en af sólu.

En er þeir ríða Bifrǫst þá brotnar hon (...). Muspells megir sœkja fram á þann vǫll er Vígríðr heitir. Þar kemr ok þá Fenrisúlfr ok Miðgarðsormr. Þar er ok þá Loki kominn ok Hrymr ok með honum allir hrímþursar, en Loka fylgja allir Heljar sinnar. En Muspells synir hafa einir sér fylking; er sú bjǫrt mjǫk. Vǫllrinn Vígríðr er hundrað rasta víðr á hvern veg.

Glossário

af prep. dat. de
af sólu : do que o sol
allógurligr adj. completamente terrível
augum : dat. pl. olhos
á prep. em
á þann vǫll er : àquela planície que
áðr : antes
band n amarra (no pl. bǫnd: amarras, nós, cordas que prendem)
bjarg n rochedo, montanha

bjartara en : mais brilhante que
blása (blæs) v. soprar
brenna v. arder, queimar
brœðr pl. de **bróðir**
brotna v. quebrar
bæði : *fyrir honum ok eptir bæði* : tanto na frente quanto atrás dele
dreifa v. borrifar, aspergir, espalhar
drepask : matam-se
drífa v. precipitar-se, cair
ef rúm væri til : se houvesse espaço
einir (pl. de einn) *hafa einir sér* : eles têm o/a seu/sua próprio/a
eitrinu : o veneno (dat. como obj. de ► **blása**)
eldr m. fogo
engi : ninguém
eptir prep. 1 dat. atrás || 2. ac. depois
er ... þá : quando... então
fimbulvetr m. inverno misterioso ou inverno poderoso
fjǫtrar m. pl. (sing.: **fjǫturr**) grilhões
fljóta (flýt) v. flutuar
fram : para a frente, em frente, adiante
frost n frio de congelar, gelo, geada
fylgja v. dat. seguir, acompanhar
fylking f. tropa, legião
fyrir ágirni sakar : por causa de cobiça
fyrir prep. 1 ac. em frente, diante de || 2 dat. em frente, por (explicativo: *fyrir því* : porque)
fyrir því at : porque
fyrst : primeiro
fyrstu : primeiros (subentenda-se: *tíðendi*)
fǫður : forma flexionada de **faðir** m.
gapa v. abrir a boca, abocanhar || *gapa mundi hann:* ele abocanharia
gapanda munn : boca aberta
gert : feito (part. de **gera** v. fazer)
geysisk : jorra impetuosamente
gleypa v. engolir
Heljar : de Hel
himninum : o céu (himni+inum, dat. de himinn+inn)
hinn neðri : o inferior (subentenda-se: ► **kjǫptr**)
hlið : lado || *á aðra hlið úlfinum*: em um dos lados do lobo
hrynja v. cair
hundrað : cem || *hundrað rasta víðr*: com cem *rastir* de largura (**rǫst** f.: medida equivalente a cerca de uma légua)
hvass (hvǫss, hvasst) adj. cortante
hver pron. quais (n. pl., concorda com *tíðendi*)
hverfa v. desaparecer
hvern veg : cada direção
jǫrð f. terra
jǫtunmóðr m. fúria de gigante
kjǫptr m. mandíbula || *hinn efri kjǫptr*: a mandíbula superior
klofna v. partir-se, quebrar-se
kominn part. pret (de *koma*) chegado || *er kominn*: chegou, veio
lauss (laus, laust) adj. solto
Loka : forma flexionada de Loki (ac. gen. e dat.)
lopt n. ar
losna v. soltar-se, desatar-se
lǫgr m. mar
manndrápum : homicícios (dat. pl. de **manndráp** n.)
með prep. com
með honum : com ele
megir pl. de **mǫgr**
mein n. mal
meira adj. comp. mais
milli prep. entre, no meio de
munnr m. boca
Muspells : de Muspell
mǫgr m. poet. filho
mǫnnum dat. pl. de **maðr** m.
njóta (nýt) n. gozar, fruir, usufruir
nǫglum dauðra manna : unhas das pessoas mortas

nǫsum : narinas (dat. pl. de **nǫs** f.)
orrosta f. batalha
ógagn n. destruição, perda, dano
ór ǫllum áttum : de todos os lados
ragnarøkr n. crepúsculo dos poderes (i.e. deuses)
saman adv. junto
sá pron. este, aquele
sifjasliti n. adultério
sinni m. companheiro (poet.)
skelfr ► **skjálfa**
skína v. brilhar, luzir
skjálfa (skelf) v. tremer
slitna v. partir-se
snýsk : vira-se
snær m. neve
sól f. sol
sólar : sol (gen. como obj. de ► njóta)
stjarna f. estrela
stýra v. governar, pilotar
sumar n. verão
sú pron. esta, aquela
sverð n. espada
syni : dat. de **sonr** m.
sævargangr m. o ímpeto do mar, agito do mar, ondulação do mar
sœkja v. sœkja fram: avançar, ganhar terreno
tíðindi n. pl. notícias || eventos
tungl n. lua
um prep. ac. em torno de, ao redor de, sobre, através de || acerca de, sobre
verða v. acontecer, dar-se || tornar-se || surgir (assim como *vera* e *heita*, este verbo toma complemento no nominativo)
verǫld f. mundo
vetr (pl. vetr) m. inverno
við himni : junto ao céu
við jǫrðu : junto à terra
viðr m. árvore
vindr m. vento
víðr (víð, vítt) adj. largo
vǫllr (pl. vellir) m. campo, planície
þaðan at segja frá : para serem narrados (tíðindi)
þessum gný : esta balbúrdia
þessum sævargang : este agito do mar
þrír num. três
því dat. de þat | *af því skínn:* dela (i.e. sverð, þat) emana brilho ► **skína**
þykkja v. parecer
þyrma v. respeitar, venerar

Gramática

6.1. O caso dativo: noções gerais

O caso dativo, assim como o acusativo, serve principalmente como objeto verbal e preposicional. Quando o dativo é usado como caso de objeto verbal, normalmente expressa o **receptor de uma ação** (dizer/dar algo **a alguém**), ou seja, traz a noção que em português expressamos normalmente com objeto indireto; ou o **instrumento** (verbos que trazem a ideia de manipular instrumentos ou objetos muitas vezes tomam dativo). Mas é fundamental compreender que nem sempre o uso dos casos como complementos verbais e preposicionais apresentam uma relação direta e transparente com sua semântica, e que não há, na prática, como prever com certeza se o complemento de um determinado verbo estará no dativo ou no acusativo, somente pelo significado. Não use a intuição aqui: é imperatório aprender a **regência** de cada verbo, pois é o verbo que determina o caso específico de seu objeto. Não tente transpor para o nórdico a lógica das regências dos verbos portugueses (verbos que em português são transitivos diretos podem ter seus equivalentes em nórdico tomando dativo, e vice-versa). Observe as sentenças abaixo, retiradas de textos que você já leu:

(1) Miðgarðsormr **blæss eitrinu**.
(2) Úlfrinn **gleypir sólna**, ok **þykkir mǫnnum** þat mikit mein.
(3) Engi **þyrmir fǫður eða syni**.
(4) Hon er mær, ok **henni þjóna** þær er meyjar andask.

Na frase **(1)** o objeto do verbo *blása* está no dativo, ao passo que na frase **(2)** o objeto de *gleypa* está no acusativo, porque *blása* **rege dativo** e *gleypa* **rege acusativo**. Os verbos *soprar* e *engolir* em português tomam objeto direto. Já nas frases **(3)** e **(4)**, os verbos *þyrma* e *þjóna* regem dativo.

O dativo é o caso regido por muitas preposições. Há preposições que regem tanto acusativo quanto dativo (por exemplo, **í**). Em lições futuras, recapitularemos e detalharemos a semântica dos casos e veremos em mais detalhes as preposições. Por enquanto, é suficiente concentrar-se em observar os padrões gerais de flexão e, sempre que memorizar um verbo e uma preposição, aprender junto com seu significado também sua regência.

Na próxima unidade veremos o caso genitivo, que é o último que falta para você poder observar os paradigmas flexionais completos. A maioria dos verbos e preposições toma objeto no acusativo e no dativo, mas há alguns verbos e umas poucas preposições que regem genitivo (você já viu alguns exemplos, como o verbo *gæta* e as preposições *til* e *milli*).

Como já vimos ao estudar o nominativo e o acusativo, há paradigmas flexionais distintos para os pronomes, artigos, substantivos e adjetivos. Antes de vermos tabelas com as desinências de cada classe gramatical e declinação, guarde o padrão geral: o dativo plural tem sempre a terminação *-um* (com exceção de alguns pronomes e poucas palavras irregulares, que apresentam contração, restando nelas o -m), sendo igual para os três gêneros. **Dativo plural é sempre igual para m., f. e n.** Portanto, você praticamente só terá para estudar formas no singular.

6.2. Pronomes pessoais

	nominativo	*acusativo*	*dativo*
1ª. sing.	**ek**	**mik**	**mér**
2ª. sing.	**þú**	**þik**	**þér**
3ª. sing. m.	**hann**	**hann**	**honum**
3ª. sing. f.	**hon**	**hana**	**henni**
3ª. sing. n.	**þat**	**þat**	**því**
1ª. pl.	**vér**	**oss**	**oss**
1ª. dual	**vit**	**okkr**	**okkr**
2ª. pl.	**þér**	**yðr**	**yðr**
2ª. dual	**þit**	**ykkr**	**ykkr**
3ª. pl. m.	**þeir**	**þá**	**þeim**
3ª. pl. f.	**þær**	**þær**	**þeim**
3ª. pl. n.	**þau**	**þau**	**þeim**

Note que a 1a. e a 2a. pessoa do plural e dual apresentam dativo igual ao acusativo. As demais formas são diferentes para o dativo.

6.3. Substantivos

Seguimos aqui o princípio das lições anteriores, apresentando os padrões gerais da flexão dos substantivos. Futuramente veremos formas desviantes dos paradigmas regulares e anomalias. Os substantivos fracos masculinos, femininos e neutros apresentam sempre o dativo singular idêntico ao acusativo; o dativo plural é formado, nos três gêneros, com a desinência *-um*. Se você já domina as formas de nominativo e acusativo dos substantivos fracos, não terá dificuldade para aprender o dativo.

Os **substantivos masculinos fortes** regularmente têm desinência **-i** ou - no dativo singular, e sempre **-um** no plural. A desinência *-i* de dativo singular não aparece em todos os substantivos masculinos fortes, e nem sempre há como prever sua ocorrência.

Singular:

nom.	hest-**r**	stað-**r**	son-**r**	ǫrn-	bog-**i**
ac.	hest-	stað-	son-	ǫrn-	bog-**a**
dat.	hest-**i**	stað-	syn-**i**	ern-**i**	bog-**a**

Plural:

nom.	hest-**ar**	stað-**ir**	syn-**ir**	ern-**ir**	bog-**ar**
ac.	hest-**a**	stað-**i**	syn-**i** / son-**u**	ǫrn-**u** / ern-**i**	bog-**a**
dat.	hest-**um**	stǫð-**um**	son-**um**	ǫrn-**um**	bog-**um**

A desinência *-um* de dativo plural sempre causa mutação labial, e a desinência *-i* de dativo singular **pode** causar mutação frontal. O substantivo irregular *maðr* é regular no dativo: *manni*, *mǫnnum*.

Os **substantivos femininos fortes** regularmente não apresentam desinência de dativo singular. Alguns femininos fortes apresentam dativo singular com *-u*, e destes alguns apresentam a mesma desinência *-u* no acusativo singular. A presença da desinência *-u* para o dativo e acusativo singular de femininos fortes não é muito previsível, e abordaremos este assunto quando fizermos, futuramente, uma recapitulação e aprofundamento da morfologia nominal. Os **femininos fracos** sempre têm desinência *-u* no dativo singular, mesma forma do acusativo singular: *saga, sǫgu*. O dativo plural apresenta *-um* em todos os tipos de substantivos, como já enfatizado.

Singular:

nom.	búð-	rót-	øx-	Gunnhild-**r**	jǫrð-	sag-**a**
ac.	búð-	rót-	øx-**i**	Gunnhild-**i**	jǫrð-	sǫg-**u**
dat.	búð-	rót-	øx-**i**	Gunnhild-**i**	jǫrð-**u** / jǫrð-	sǫg-**u**

Plural:

nom.	búð-**ir**	rœt-**r**	øx-**ar**	*sem plural*	jarð-**ir** / jarð-**ar**	sǫg-**ur**
ac.	búð-**ir**	rœt-**r**	øx-**ar**		jarð-**ir** / jarð-**ar**	sǫg-**ur**
dat.	búð-**um**	rót-**um**	øx-**um**		jǫrð-**um**	sǫg-**um**

Os **substantivos neutros fortes** sempre apresentam *-i* no dativo singular e *-um* no dativo plural. A desinência de dativo singular *-i* nos neutros fortes não causa mutação frontal. Os **neutros fracos**, como *auga*, têm nominativo, acusativo e dativo singular iguais, e *-um* no dativo plural.

Singular:

nom.	skip-	barn-	aug-**a**
ac.	skip-	barn-	aug-**a**
dat.	skip-**i**	barn-**i**	aug-**a**

Plural:

nom.	skip-	bǫrn-	aug-**u**
ac.	skip-	bǫrn-	aug-**u**
dat.	skip-**um**	bǫrn-**um**	aug-**um**

6.4. Adjetivos: forma forte

As desinências de dativo plural dos adjetivos são *-um* para os três gêneros. Atenção: a mesma desinência *-um* é encontrada também no masculino singular. O neutro singular apresenta desinência *-u*, e o feminino singular *-ri*.

Singular:

	m.	*f.*	*n.*
nominativo	sterk-**r** stór-**r** há-**r** djarf-**r** góð-**r** fagr- (<*fagr-r)	sterk- stór- há- djǫrf- góð- fǫgr-	sterk-**t** stór-**t** hát-**t** djarf-**t** got-**t** fagr-**t**
acusativo	sterk-**an** stór-**an** háv-**an** djarf-**an** góð-**an** fagr-**an**	sterk-**a** stór-**a** háv-**a** djarf-**a** góð-**a** fagr-**a**	sterk-**t** stór-**t** hát-**t** djarf-**t** got-**t** fagr-**t**
dativo	sterk-**um** stór-**um** há-**um** djǫrf-**um** góð-**um** fǫgr-**um**	sterk-**ri** stór-**ri** hár-**ri** djarf-**ri** góð-**ri** fagr-**i**	sterk-**u** stór-**u** há-**u** djǫrf-**u** góð-**u** fǫgr-**u**

Plural:

	m.	*f.*	*n.*
nominativo	sterk-**ir** stór-**ir** háv-**ir** djarf-**ir** góð-**ir** fagr-**ir**	sterk-**ar** stór-**ar** háv-**ar** djarf-**ar** góð-**ar** fagr-**ar**	sterk- stór- há- djǫrf- góð- fǫgr-
acusativo	sterk-**a** stór-**a** háv-**a** djarf-**a** góð-**a** fagr-**a**	sterk-**ar** stór-**ar** háv-**ar** djarf-**ar** góð-**ar** fagr-**ar**	sterk- stór- há- djǫrf- góð- fǫgr-
dativo	sterk-**um** stór-**um** há-**um** djǫrf-**um** góð-**um** fǫgr-**um**	sterk-**um** stór-**um** há-**um** djǫrf-**um** góð-**um** fǫgr-**um**	sterk-**um** stór-**um** há-**um** djǫrf-**um** góð-**um** fǫgr-**um**

O adjetivo irregular *mikill* apresenta dat. regular: **miklum** (m. sing.), **mikilli** (f. sing. – note a assimilação do r <*mikilri), **miklu**.

6.5. Artigo definido

Singular:

	m.	*f.*	*n.*
nominativo	**inn**	**in**	**it**
acusativo	**inn**	**ina**	**it**
dativo	**inum**	**inni**	**inu**

Plural:

	m.	*f.*	*n.*
nominativo	**inir**	**inar**	**in**
acusativo	**ina**	**inar**	**in**
dativo	**inum**	**inum**	**inum**

Observe a semelhança entre as formas do artigo definido e do pronome pessoal de 3a. pessoa: *inum–honum; inni–henni.*

Quando o artigo definido é sufixado à forma de dativo dos substantivos, ocorrem algumas acomodações fonéticas. No dativo singular, quando o substantivo termina em vogal, o **i** do artigo desaparece: konungi + inum → konunginum, sǫgu + inni → sǫgunni, auga + inu → auganu. **Muito importante**: no dativo plural, a desinência *-um* do substantivo perde o **m** diante do artigo, o qual, por sua vez, perde o **i**, como em *konungum* + *inum* → *konungunum*, *sǫgum* + *inum* → *sǫgunum*, *augum* + *inum* → *augunum*.

6.6. O pronome demonstrativo *sá, sú, þat*

Ao longo dos textos você tem encontrado o pronome demonstrativo *sá, sú, þat* (aquele). Veja abaixo as formas de nominativo, acusativo e dativo:

Singular:

	m.	*f.*	*n.*
nominativo	**sá**	**sú**	**þat**
acusativo	**þann**	**þá**	**þat**
dativo	**þeim**	**þeir(r)i**	**því**

Plural:

	m.	f.	n.
nominativo	**þeir**	**þær**	**þau**
acusativo	**þá**	**þær**	**þau**
dativo	**þeim**	**þeim**	**þeim**

O neutro singular e o plural dos três gêneros são idênticos ao pronome pessoal que você já estudou. Preste atenção ao singular masculino e feminino, e observe as seguintes características: o acusativo singular feminino é igual ao acusativo plural masculino (*þá*), do mesmo modo que se dá com os adjetivos (*-a*). O dativo singular feminino tem a mesma terminação *-ri* dos adjetivos. O dativo masculino no singular é igual ao dativo plural, conforme se dá com os adjetivos (cf. 6.4).

6.7. Orações relativas com *er* e *sá*, *sú*, *þat*

Normalmente denominada *partícula*, a palavra **er** é um vocábulo que apresenta funções variadas na língua nórdica. Funciona como pronome relativo e é indeclinável. É comum seu uso junto com advérbios e pronomes demonstrativos para formar orações relativas, podendo ser traduzido comumente por *que* e *quando* (muitas vezes na combinação com *þá*: *þá er*, "então que", ou seja, *quando*). Veremos aqui o uso combinado de *er* e *sá*. Observe as seguintes frases retiradas dos textos lidos nesta e nas últimas lições:

(1) Hann heitir ok Valfǫðr, þvíat hans óskasynir eru allir **þeir er** í val falla.

(2) Þórr á hafra tvá ok reið **þá er** hann ekr.

(3) Hon á **þann** bœ **er** Fensalir heita ok er hann allvegligr.

(4) Hon er mær, ok henni þjóna **þær er** meyjar andask.

(5) Enn eru **þær** aðrar **er** þjóna skulu í Valhǫll.

(6) En undir **þeiri** rót **er** til hrímþursa horfir, þar er Mímis brunnr, er spekð ok mannvit er í fólgit, ok heitir **sá** Mímir **er** á brunninn.

(7) Íkorni **sá er** heitir Ratatoskr renn upp ok niðr eptir askinum.

(8) Þá verðr **þat er** mikil tíðindi þykkja.

(9) Muspells megir sœkja fram á **þann** vǫll **er** Vígríðr heitir.

Em todas estas frases, a estrutura poderia ser traduzida literalmente com a construção *aquele(s)/a(s)... que*, mas nem sempre é possível ou aconselhável traduzir de maneira literal a construção do nórdico. Em **(1)** temos "Ele se chama também Valfǫðr porque seus filhos adotivos são todos **aqueles que** caem em batalha." O pronome demonstrativo funciona antecipando a oração relativa, e não expressa necessariamente definição/determinação. A forma (gênero, número e caso) do pronome é determinada pela oração principal (aqui masculino pl. nom.), e o pronome **er**, indeclinável, cumpre a função sintática (caso) determinada pelo verbo da oração relativa, ocupando agora o espaço do substantivo ou sintagma nominal ao qual remete. Assim, no exemplo em questão, **er** funciona como um substantivo masculino plural nominativo, sendo o sujeito de *falla* (3ª. pl.). Em **(2)**, temos "Þórr tem dois bodes e **aquele** carro **que** ele conduz." Aqui, **þá** é ac. sing. feminino, concordando com **reið**, pois é objeto de **á** (tem); a função do demonstrativo **þá** aqui é antecipar a oração relativa (*er hann ekr*). Na oração relativa, **er** ocupa a função sintática de objeto de **ekr** (**aka** rege dat.), e funciona aqui como um substantivo feminino sing. no dat. Uma vez que o demonstrativo serve nessas situações para sinalizar a oração relativa, nem sempre o traduzimos como demonstrativo; (1) e (2) poderiam ser perfeitamente traduzidas "...seus filhos de criação são todos os que" e "... um carro que ele conduz". Preste atenção à forma do pronome demonstrativo, que ocupa uma função sintática determinada pela oração principal, e observe que o relativo **er** é indeclinável, sendo necessário prestar atenção a todos os elementos da oração relativa para que você determine se ele deverá ser entendido como sujeito ou objeto. Além disso, cuide para não confundi-lo com o verbo *vera* na 3ª. pessoa do singular.

Exercícios

1. Para cada um dos substantivos dados, escolha o adjetivo flexionado na forma apropriada para que haja concordância de gênero, número e caso.

1. hestr
   sterkr sterkan sterka sterkir sterkum sterk
2. kona
   fagr fǫgr fagra fagrir fagrar fǫgru
3. skip
   stórr stór stórum stórar stóran stórir
4. konungi
   ríkr ríkir ríkan ríkum ríkar ríka
5. búð
   mikill mikit mikinn miklu mikilli mikit
6. kǫttum
   hvítu hvítr hvítan hvítum hvítri hvíta
7. orrostur
   hǫrð harðir harða hǫrðum harðar harðan
8. vǫlu
   fǫgr fagrir fǫgrum fagrt fǫgru fagri
9. víkingum
   djǫrfu djǫrfum djarfr diǫrf djarft djarfar
10. boga
    hǫrðum harðr hart harðar harðri hǫrðu

2. Complete com a forma adequada no dativo e, após corrigi-las, traduza as frases com auxílio do glossário abaixo:

a. Ormr býðr _______ þar at vera.
   hann honum

b. Gefir Þorbjǫrn ________ gjafir.
   menn mǫnnum

c. Þorkell býðr spákonu þangat, ok er _______ búin góð viðtaka.
hon hana henni

d. Nú er frá _____ at segja, (...).
þat því

e. Skaltu fara með _______ mínum at boða kristni á _________.
ørendi ørendum
Grœnland Grœnlandi

f. En Garða vil ek láta brenna á ______ sem skjótast, þvíat hann veldr _______________ sem hér hafa orðit í vetr.
bál báli
ǫllum aptrgǫngum þeim allar aptrgǫngur þær

g. En er hon ferr, þá ekr hon _________ tveim ok sitr í reið.
kǫttr kettir kǫtt kǫttu kǫttum

Glossário

aka (ek) v. dirigir, puxar (um veículo)
aptrganga f. assombração, aparição (morto-vivo). Também na forma m. *aptrgangr*
at : at vera *estar* || at boða *para pregar*
á prep. em
bál n. fogueira, pira
bjóða v. oferecer, convidar
boða v. anunciar, proclamar, pregar
brenna v. queimar
búin part. pret. f. preparada
býðr de *bjóða*
Garða ac. de Garði, nome próprio
gefa v. dar
gjǫf f. presente, dádiva
Grœnland n. Groenlândia
í vetr : neste inverno
kristni f. cristianismo
láta v. deixar, fazer com que, mandar
mínum : meus (dat. pl como objeto da prep. *með*)
orðit part. pret. de **verða** v. tornar-se, fazer-se, ocorrer || *hafa orðit* ocorreram
reið f. carro, carruagem
sem conj. como || pron. rel. que
sem skjótast : o mais rapidamente, o quanto antes
skaltu : tu deves (+ inf.)
spákona f. profetisa, mulher adivinha
tveim : dois (dat.)
veldr de **valda** v. causar (+ dat.)
viðtaka f. recepção, acolhida
þangat adv. até lá, para lá
ørendi n. pl. mensagem, missão

3. Analise os substantivos com artigos sufixados no dativo. Identifique o substantivo e a forma do artigo, como nos exemplos:

stǫðunum – stǫðum (dat. pl. de staðr m.) + inum
skipinu – skipi (dat. sing. de skip n.) + inu

1. búðunum	7. bogunum
2. sǫgunni	8. mǫnnunum
3. konunginum	9. manninum
4. sverðinu	10. auganu
5. bǫrnunum	11. vǫlunni
6. hǫfðingjanum	12. Ásynjunum

4. Leitura adicional: veja na íntegra o trecho sobre Baldr (*Gylfaginning*, 22):

Annarr son Óðins er Baldr, ok er frá honum gott at segja. Hann er beztr ok hann lofa allir. Hann er svá fagr álitum ok bjartr svá at lýsir af honum, ok eitt gras er svá hvítt at jafnat er til Baldrs brár. Þat er allra grasa hvítast, ok þar eptir mátþu marka hans fegrð bæði á hár ok á líki. Hann er vitrastr Ásanna ok fegrst talaðr ok líknsamastr, en sú náttúra fylgir honum at engi má haldask dómr hans. Hann býr þar sem heitir Breiðablik. Þat er á himni. Í þeim stað má ekki vera óhreint (...).

O deus Baldr, por Johannes Gehrts

Glossário

af prep. (+ dat.) de, a partir de
annarr adj. segundo || outro
at + inf : para, a
á prep. (+dat.) em
álit n. aparência || *fagr álitum* belo na aparência
beztr adj. superl. melhor
brá f. cílio
býr : de **búa** (morar)
bæði ... ok : tanto ... quanto
dómr m. decisão, julgamento
eitt num. card. n. um
engi : nenhum || *at engi má haldask dómr hans* que nenhuma de suas decisões pode ser seguida/realizada
fegrst talaðr : de mais bela fala, que se pronuncia mais belamente
fegrð f. beleza
frá prep. (+dat.) sobre, acerca de
fylgja v. (+ dat.) seguir, acompanhar
gras n. grama, vegetação, planta
haldask : ser seguido, cumprido
hár n. cabelo
hvítastr adj. sup. (o) mais branco || *allra grasa hvítast* de todas as plantas a mais branca
hvítr adj. branco
í prep. (+dat.) em || *í þeim stað* naquele lugar
jafnat til : comparado a
líki n. corpo, forma
líknsamastr adj. sup. mais gracioso, mais misericordioso
lofa v. venerar
lýsa v. iluminar, brilhar, emanar luz
marka v. perceber, inferir
mátþú (mátt þú) : tu podes (verbo *mega*)
náttúra f. natureza, característica
óhreinn adj. impuro, mau
son m. forma alternativa do nominativo *sonr*
staðr m. lugar
svá adv. assim, então || *hann er svá ... at...* ele é tão... que, ele é tanto... de modo a
vitrastr adj. sup. (o) mais sábio || *vitrastr Ásanna* o mais sábio dos Æsir
þar eptir : a partir disso, com base nisso
þar sem : lá onde, no local que

Vocabulário a ser memorizado

af
annarr
á
blása
búa
eldr
frá
fylgja
gefa
gleypa
hvítr
í
jǫrð
orrosta
sól
staðr
sverð
tíðindi

Unidade 7

Leitura: Ragnarøkr (*Gylfaginning*, 51)

En er þessi tíðindi verða þá stendr upp Heimdallr ok blæss ákafliga í Gjallarhorn ok vekr upp ǫll guðin ok eiga þau þing saman. Þá ríðr Óðinn til Mímis brunns ok tekr ráð af Mími fyrir sér ok sínu liði. Þá skelfr askr Yggdrasils ok engi hlutr er þá óttalauss á himni eða jǫrðu. Æsir hervæða sik ok allir einherjar ok sœkja fram á vǫlluna. Ríðr fyrstr Óðinn með gullhjálm ok fagra brynju ok geir sinn er Gungnir heitir. Stefnir hann móti Fenrisúlf, en Þórr fram á aðra hlið honum ok má hann ekki duga honum þvíat hann hefir fullt fang at berjask við Miðgarðsorm. Freyr bersk móti Surti ok verðr

Heimdallr faz soar o chifre Gjallarhorn, por J. T. Lundbye

harðr samgangr áðr Freyr fellr. Þat verðr hans bani er hann missir þess hins góða sverðs er hann gaf Skírni. Þá er ok lauss orðinn hundrinn Garmr er bundinn er fyrir Gnipahelli. Hann er it mesta forað. Hann á víg móti Tý ok verðr hvárr ǫðrum at bana. Þórr berr banaorð af Miðgarðsormi ok stígr þaðan braut níu fet. Þá fellr hann dauðr til jarðar fyrir eitri því er ormrinn blæss á hann. Úlfrinn gleypir Óðin. Verðr þat hans bani. En þegar eptir snýsk fram Viðarr ok stígr ǫðrum fœti í neðra keypt úlfsins. (...) Annarri hendi tekr hann inn efra keypt úlfsins ok rífr sundr gin hans ok verðr þat úlfsins bani. Loki á orrostu við Heimdall ok verðr hvárr annars bani. Því næst slyngr Surtr eldi yfir jǫrðina ok brennir allan heim. Svá er sagt í Vǫluspá:

> Hátt blæss Heimdallr
> horn er á lopti.
> Mælir Óðinn
> við Mímis hǫfuð.
> Skelfr Yggdrasils
> askr standandi,
> ymr it aldna tré
> en jǫtunn losnar.
> (...)

A batalha final do Ragnarøkr, por F. W. Heine

Glossário

aldinn adj. antigo, vetusto
aldna forma fraca n. concordando com *tré*) ► *aldinn*
áðr adv. e conj. antes, antes que
ákafliga adv. com ímpeto
banaorð n. palavra de morte : na expressão *berr banaorð af* : mata em batalha (lit. "porta notícias da morte de")
bani m morte || *verða at bana* : ser a causa da morte
berjask v. lutar || *fullt fang at berjask við*: mãos totalmente ocupadas lutando com...
bersk : luta (3a. sing. de *berjask*)
braut adv. embora, para longe
brynja f. cota de malha
bundinn part. pret. amarrado (de *binda*)
duga v. dat. ajudar
efra adj. comp. superior
einherjar m. pl. os guerreiros seletos de Óðinn, que com ele permanecem em Valhǫll aguardando o Ragnarøkr
eitr n. veneno
engi pron. ninguém, nenhum
fang n. pega, apanha || abraço, espaço entre os braços (em gesto para apanhar algo)
fet n. passo; pé (medida)
forað n. monstro
fullr adj. cheio
fyrir prep. 1 ac. em frente, diante de || 2 dat. em frente, por, para
fyrir sér ok sínu liði : para si e sua gente
fyrstr adj. superl. mais à frente, primeiro
gaf : deu (pret. de *gefa*)
geirr m. lança
gin n. focinho
gullhjálmr m. elmo de ouro
hans : dele
harðr adj. duro
hendi : dat. sing. de ► **hǫnd**
hervæða v. vestir em armadura || *hervæða sik* : vestir armadura, pôr-se em armadura
hlutr m. parte || coisa || *engi hlutr* : nada
hvárr annars : um do outro
hvárr ǫðrum : um ao outro
hǫfuð n. cabeça
hǫnd f. mão
jarðar gen. de *jǫrð*
keyptr m. mandíbula
lauss adj. solto || *er lauss orðinn* soltou-se, ficou solto
lið n. bando, grupo || gente
losna v. soltar-se
lopt n. ar, céu || *á lopti* no alto (cf. inglês *aloft*)
með prep. dat. e ac. com
mesta adj. superl. maior, máximo
missa v. gen. estar sem, privar-se de, sentir falta de
Mímis brunns : do poço de Mímir
móti prep. dat. contra
mæla v. falar, pronunciar
neðra adj. comp. inferior
næst adv. superl. próximo || *því næst*: em seguida a isto
orðinn part. pret. (de *verða* tornar-se) tornado, feito, ocorrido
óttalauss adj. sem medo, livre de temor
ráð n. conselho || ordem, comando || decisão

rífa v. rasgar
sagt part. pret. (de *segja*) dito
saman adv. junto, conjuntamente
samgangr m. encontro, confronto
sik pron. refl. ac. se
sinn pron. possessivo refl. seu
skelfr ► **skjálfa**
skjálfa (skelf) v. tremer
slyngja v. dat. atirar, lançar
snýsk : vira-se, volta-se
standandi : de pé (part. pres. de *standa*)
stefna v. dirigir-se, voltar-se para
stíga v. pisar || dar passo
sundr adv. ao meio, pela metade
sœkja fram á vǫlluna : avançam às planícies
til prep. gen. para, em direção a
upp adv. em cima, para cima, acima
úlfsins : do lobo (gen. de **úlfr** m., com o artigo)
vekja v. acordar || *vekja upp* acordar, fazer despertar (cf. inglês *wake up*)
við prep. ac. e dat. com
víg n. batalha
ymja v. suspirar, gemer
þaðan adv. de lá
þegar eptir : imediatamente em seguida
þess hins góða sverðs er : daquela boa espada que
þing n. assembleia
ǫðrum fœti : com um pé, com uma perna

Gramática

7.1. O caso genitivo: noções gerais

Ao longo dos textos lidos nesta e nas lições anteriores, você já encontrou diversas palavras flexionadas no caso genitivo:

(1) Hann heitir Alfǫðr, þvíat hann er faðir **allra goða**.
(2) Kona **hans** heitir Frigg.
(3) Íkorni sá er heitir Ratatoskr renn upp ok niðr eptir askinum ok berr ǫfundarorð milli **arnarins** ok **Níðhǫggs**.
(4) Þá ríðr Óðinn til Mímis **brunns**.

Nas frases (1) e (2), as palavras no genitivo cumprem a função de possessivo (equivalente ao genitivo em inglês com **'s**), que em português construímos com a preposição *de*: "pai **de todos os deuses**," "mulher **dele**". Podemos dizer que o genitivo é usado primariamente para denotar a função de *possuidor*: aquilo que possui, contém, tem algo está no genitivo. Mas nem sempre a noção expressa é especificamente de *possuidor* de algo, podendo ser também de *partitivo* (parte de um todo ou conjunto). Entretanto, o caso genitivo também cumpre função de objeto verbal e preposicional, ainda que este uso para o genitivo seja mais raro do que para o acusativo e o dativo. Nas frases (3) e (4), as preposições **milli** e **til** têm seus complementos no genitivo, pois regem este caso. Alguns verbos (como *gœta*, por exemplo) regem o caso genitivo. Quando o genitivo é usado como caso de objeto verbal e preposicional, não há necessariamente uma noção (semântica) de genitivo implícita. Lembre-se do que já enfatizamos ao tratar dos usos do dativo e do acusativo como complemento verbal e preposicional: é necessário conhecer a regência de cada verbo e preposição para saber em que caso seu complemento estará.

Morfologicamente, o genitivo costuma destacar-se dos demais casos, apresentando na maioria das vezes terminações diferentes do nom., ac. e dat. O genitivo plural é sempre igual para os três gêneros e tem como característica a terminação *-a* (*-na*, *-ra*). Sendo assim, do mesmo modo como acontece com o dativo, você praticamente só precisa se concentrar em aprender formas no singular, pois o plural é facilmente memorizado com uma única regra geral.

7.2. Pronomes pessoais

	nominativo	*acusativo*	*dativo*	*genitivo*
1ª. sing.	**ek**	**mik**	**mér**	**mín**
2ª. sing.	**þú**	**þik**	**þér**	**þín**
3ª. sing. m.	**hann→**	**←hann**	**honum**	**hans**
3ª. sing. f.	**hon**	**hana**	**henni**	**hennar**
3ª. sing. n.	**þat→**	**←þat**	**því**	**þess**
1ª. pl.	**vér**	**oss→**	**←oss**	**vár**
1ª. dual	**vit**	**okkr→**	**←okkr**	**okkar**
2ª. pl.	**þér**	**yðr→**	**←yðr**	**yð(v)ar**
2ª. dual	**þit**	**ykkr→**	**←ykkr**	**ykkar**
3ª. pl. m.	**þeir**	**þá**	**þeim**	**þeir(r)a**
3ª. pl. f.	**þær→**	**←þær**	**þeim**	**þeir(r)a**
3ª. pl. n.	**þau→**	**←þau**	**þeim**	**þeir(r)a**

Note que todas as formas de genitivo diferem dos demais casos. Quando você aprendeu o acusativo, percebeu que muitas formas de nominativo se repetiram no acusativo; quando estudou o dativo, por sua vez, viu que muitas formas de acusativo se repetiram no dativo. O dativo é completamente destacado do nominativo, mas o acusativo apresenta algumas formas comuns ora com o nominativo, ora com o dativo. O genitivo, como dito, destaca-se dos três demais casos. É importante enxergar esse jogo de contrastes, que assinalamos na tabela por meio de flechas apontando para formas iguais (→←).

O pronome demonstrativo *sá*, *sú*, *þat* que vimos na última unidade (6.6) apresenta genitivo singular *þess*, *þeir(r)ar*, *þess*, e genitivo plural igual ao pronome pessoal *þeir(r)a*. No segundo volume retomaremos este demonstrativo e outros pronomes.

As formas de genitivo dos pronomes pessoais de terceira pessoa servem como pronomes possessivos: *hans*, *hennar*, *þess*; *þeir(r)a* podem ser compreendidos exatamente como os possessivos *dele*, *dela*, *deles*, *delas* em português (não são adjetivos, e assim não concordam com o que é possuído). Abaixo veremos em mais detalhes os possessivos (7.6).

7.3. Substantivos

A flexão de genitivo dos substantivos costuma ser bastante destacada dos demais casos, como se dá com os pronomes vistos acima. Os substantivos fortes têm genitivo singular sempre com terminação em consoante, ao passo que os fracos possuem desinências de genitivo singular vocálicas. O genitivo plural para todos os substantivos termina em *-a*, independentemente do gênero e da declinação (forte ou fraca).

7.3.1. Substantivos masculinos

Os **substantivos masculinos fortes** têm genitivo singular regularmente em *-s* ou em *-ar*, e genitivo plural sempre em *-a*. Alguns substantivos masculinos fortes, como *ǫrn*, possuem mutação labial no nominativo e acusativo singular, e mutação frontal no dativo singular, sendo a vogal **a** do radical visível no genitivo singular. O substantivo irregular *maðr* é regular no genitivo. Os **substantivos masculinos fracos** têm genitivo singular e plural com *-a*: *bogi, boga*.

Singular:

nom.	hest-**r**	stað-**r**	mað-**r**	ǫrn-	son-**r**	bog-**i**
ac.	hest-	stað-	mann-	ǫrn-	son-	bog-**a**
dat.	hest-**i**	stað-	mann-**i**	ern-**i**	syn-**i**	bog-**a**
gen.	hest-**s**	stað-**ar**	mann-**s**	arn-**ar**	son-**ar**	bog-**a**

Plural:

nom.	hest-**ar**	stað-**ir**	menn-	ern-**ir**	syn-**ir**	bog-**ar**
ac.	hest-**a**	stað-**i**	menn-	ǫrn-**u**/ern-**i**	syn-**i** / son-**u**	bog-**a**
dat.	hest-**um**	stǫð-**um**	mǫnn-**um**	ǫrn-**um**	son-**um**	bog-**um**
gen.	hest-**a**	stað-**a**	mann-**a**	arn-**a**	son-**a**	bog-**a**

7.3.2. Substantivos femininos

Os **substantivos femininos fortes** têm genitivo singular regularmente em *-ar* e genitivo plural sempre em *-a*. Os **femininos fracos** têm genitivo singular com **-u** (igual ao ac. e dat.) e genitivo plural muitas vezes com *-na* (às vezes com *-a*): *saga, sǫgu, sagna*. Os femininos fracos possuem uma forma em *-u* que serve para os três casos oblíquos em oposição ao nominativo no singular (assim como é o caso dos masculinos fracos, com oposição *-i* nom. ≠ *-a* ac. dat. gen.). O substantivo feminino fraco *kona* possui genitivo plural irregular *kvenna*. As demais formas são regulares com o radical *kon-*. O genitivo plural de *vǫlva* não é registrado nos textos medievais. A forma padrão moderna de genitivo plural é *völva*, mas é incerto se essa forma seria utilizada no islandês antigo. Pode-se conjecturar um genitivo plural antigo *vǫlna*[1].

Singular:

nom.	búð-	rót-	øx-	Gunnhild-**r**	jǫrð-	sag-**a**
ac.	búð-	rót-	øx-**i**	Gunnhild-**i**	jǫrð-	sǫg-**u**
dat.	búð-	rót-	øx-**i**	Gunnhild-**i**	jǫrð-**u** / jǫrð-	sǫg-**u**
gen.	búð-**ar**	rót-**ar**	øx-**ar**	Gunnhild-**ar**	jarð-**ar**	sǫg-**u**

Plural:

nom.	búð-**ir**	rœt-**r**	øx-**ar**	*sem plural*	jarð-**ir** / jarð-**ar**	sǫg-**ur**
ac.	búð-**ir**	rœt-**r**	øx-**ar**		jarð-**ir** / jarð-**ar**	sǫg-**ur**
dat.	búð-**um**	rót-**um**	øx-**um**		jǫrð-**um**	sǫg-**um**
gen.	búð-**a**	rót-**a**	øx-**a**		jarð-**a**	sag-**na**

7.3.3. Substantivos neutros

Os **substantivos neutros fortes** têm genitivo singular sempre em *-s* e genitivo plural sempre em *-a*. Os neutros fracos possuem no singular genitivo com *-a* (igual ao nom., ac. e dat.) e no plural *-na*: *auga, augna*.

[1] Cf. Funnur Jónsson, 1925: 42.

Singular:

nom.	skip-	barn-	aug-**a**
ac.	skip-	barn-	aug-**a**
dat.	skip-**i**	barn-**i**	aug-**a**
gen.	skip-**s**	barn-**s**	aug-**a**

Plural:

nom.	skip-	bǫrn-	aug-**u**
ac.	skip-	bǫrn-	aug-**u**
dat.	skip-**um**	bǫrn-**um**	aug-**um**
gen.	skip-**a**	barn-**a**	aug-**na**

7.3.4. Substantivos irregulares que expressam parentesco

Alguns substantivos muito frequentes que designam parentesco (*mãe, pai, irmão, irmã, filha*), muitos dos quais já vistos nas leituras, apresentam irregularidades. Observe sua flexão em todos os casos:

Singular:

nom.	**faðir (m.)**	**bróðir (m.)**	**móðir (f.)**	**systir (f.)**	**dóttir (f.)**
ac.	**fǫður**	**bróður**	**móður**	**systur**	**dóttur**
dat.	**fǫður**	**bróður**	**móður**	**systur**	**dóttur**
gen.	**fǫður**	**bróður**	**móður**	**systur**	**dóttur**

Plural:

nom.	**feðr**	**brœðr**	**mœðr**	**systr**	**dœtr**
ac.	**feðr**	**brœðr**	**mœðr**	**systr**	**dœtr**
dat.	**feðrum**	**brœðrum**	**mœðrum**	**systrum**	**dœtrum**
gen.	**feðra**	**brœðra**	**mœðra**	**systra**	**dœtra**

7.4. Adjetivos: forma forte

As desinências de genitivo plural dos adjetivos são *-ra* para os três gêneros. O genitivo singular é igual para o masculino e o neutro, com *-s*, e o feminino singular tem *-rar*.

Singular:

	m.	*f.*	*n.*
nom.	sterk-**r** stór-**r** há-**r** djarf-**r** góð-**r** fagr- (<*fagr-r)	sterk- stór- há- djǫrf- góð- fǫgr-	sterk-**t** stór-**t** hát-**t** djarf-**t** got-**t** fagr-**t**
ac.	sterk-**an** stór-**an** háv-**an** djarf-**an** góð-**an** fagr-**an**	sterk-**a** stór-**a** háv-**a** djarf-**a** góð-**a** fagr-**a**	sterk-**t** stór-**t** hát-**t** djarf-**t** got-**t** fagr-**t**

dat.	sterk-**um** stór-**um** há-**um** djǫrf-**um** góð-**um** fǫgr-**um**	sterk-**ri** stór-**ri** hár-**ri** djarf-**ri** góð-**ri** fagr-**i**	sterk-**u** stór-**u** há-**u** djǫrf-**u** góð-**u** fǫgr-**u**
gen.	sterk-**s** stór-**s** há-**s** djarf-**s** góð-**s** fagr-**s**	sterk-**rar** stór-**rar** hár-**rar** djarf-**rar** góð-**rar** fagr-**ar**	sterk-**s** stór-**s** há-**s** djarf-**s** góð-**s** fagr-**s**

Plural:

	m.	*f.*	*n.*
nom.	sterk-**ir** stór-**ir** háv-**ir** djarf-**ir** góð-**ir** fagr-**ir**	sterk-**ar** stór-**ar** háv-**ar** djarf-**ar** góð-**ar** fagr-**ar**	sterk- stór- há- djǫrf- góð- fǫgr-
ac.	sterk-**a** stór-**a** háv-**a** djarf-**a** góð-**a** fagr-**a**	sterk-**ar** stór-**ar** háv-**ar** djarf-**ar** góð-**ar** fagr-**ar**	sterk- stór- há- djǫrf- góð- fǫgr-

dat.	sterk-**um** stór-**um** há-**um** djǫrf-**um** góð-**um** fǫgr-**um**	sterk-**um** stór-**um** há-**um** djǫrf-**um** góð-**um** fǫgr-**um**	sterk-**um** stór-**um** há-**um** djǫrf-**um** góð-**um** fǫgr-**um**
gen.	sterk-**ra** stór-**ra** há**r-ra** djarf-**ra** góð-**ra** fagr-**a**	sterk-**ra** stór-**ra** há**r-ra** djarf-**ra** góð-**ra** fagr-**a**	sterk-**ra** stór-**ra** há**r-ra** djarf-**ra** góð-**ra** fagr-**a**

O adjetivo irregular *mikill* apresenta genitivo regular: **mikils** (m. sing.), **mikillar** (f. sing. – note a assimilação do r <*mikilrar), **mikils**. O genitivo plural é **mikilla**, com assimilação do r (*mikilra).

7.5. Artigo definido

Compare os artigos definidos aos pronomes de terceira pessoa e ao paradigma forte dos adjetivos, e observe algumas similaridades.

Singular:

	m.	*f.*	*n.*
nominativo	**inn**	**in**	**it**
acusativo	**inn**	**ina**	**it**
dativo	**inum**	**inni**	**inu**
genitivo	**ins**	**innar**	**ins**

Plural:

	m.	*f.*	*n.*
nominativo	**inir**	**inar**	**in**
acusativo	**ina**	**inar**	**in**
dativo	**inum**	**inum**	**inum**
genitivo	**inna**	**inna**	**inna**

Quando o artigo definido é sufixado em um substantivo no genitivo, podem ocorrer algumas acomodações fonéticas. As formas de genitivo singular dos substantivos fracos terminam em vogais, e sobre esta vogal de genitivo singular o **i** do artigo desaparece: *boga + ins → bogans*, *sǫgu + innar → sǫgunnar*, *auga + ins → augans*. Todas as formas de genitivo plural terminam em *-a*, e sobre esta terminação o **i** do artigo se perde: *konunga + inna → konunganna*, *boga + inna → boganna*, *búða + inna → búðanna*, *sagna + inna → sagnanna*, *skipa + inna → skipanna*, *augna + inna → augnanna*. Mas nas formas de genitivo singular fortes (terminadas em *-s* ou *-ar*) não ocorre perda do **i**: *konungs + ins → konungsins*, *arnar + ins → arnarins*; *búðar + innar → búðarinnar*, *skips + ins → skipsins*. Note especialmente o genitivo singular forte em *-ar*, sobre o qual o artigo conserva o **i**, diferentemente do que se dá nos nominativos plurais em *-ir -ar -r*, que causam a perda do **i**: *búðirnar* (f. pl. nom. e ac.), *eyjarnar* (f. pl. nom. e ac.), *synirnir* (m. pl. nom.) etc. (cf. 2.5). Contraste assim *eyjarnar* e *eyjarinnar* – neste caso o nominativo plural e genitivo plural são iguais, mas com o artigo definido diferenciam-se.

7.6. Pronomes e adjetivos possessivos

As formas de genitivo da terceira pessoa *hans, hennar, þess, þei(r)a* são usadas como pronomes possessivos indeclináveis. Correspondem às formas *dele, dela, deles, delas* do português. Dizemos "o pai dele" e "a mãe dele", sem que "dele" concorde com "pai" e "mãe"; assim, tem-se em nórdico *faðir hans* e *móðir hans*. Você já viu isso em algumas frases:

Kona **hans** heitir Frigg.
Einn **þeira** er hamarrinn Mjǫllnir.

Os demais pronomes possessivos são propriamente adjetivos possesivos, tal qual em português (*meu*, *minha*, *meus*, *minhas*, *nosso*, *nossa* etc.), e assim são declinados em gênero, número e caso. Você viu dois adjetivos possessivos flexionados em frases de exercícios anteriores:

Skaltu fara með **ørendum mínum** (n. pl. dat.) at boða kristni á Grœnlandi.
Eigi vil ek drepa **bǫrn þín** (n. pl. ac.).

O adjetivo possessivo é formado a partir do pronome pessoal no genitivo com o acréscimo de desinências. Trata-se, pois, de um adjetivo derivado do pronome pessoal. Contudo, não há grandes dificuldades aqui: ele segue essencialmente os padrões regulares de flexão dos adjetivos na forma forte, e seu comportamento é bastante previsível. Apesar das pequenas irregularidades, você não terá problemas para reconhecer os adjetivos possessivos, uma vez conhecendo as desinências fortes dos adjetivos comuns e os artigos definidos. Veja o adjetivo possessivo formado a partir do genitivo da primeira pessoa do singular *mín* e compare-o com o artigo definido (em 7.5):

Singular:

	m.	*f.*	*n.*
nominativo	**minn**	**mín**	**mitt**
acusativo	**minn**	**mína**	**mitt**
dativo	**mínum**	**minni**	**mínu**
genitivo	**míns**	**minnar**	**míns**

Plural:

	m.	*f.*	*n.*
nominativo	**mínir**	**mínar**	**mín**
acusativo	**mína**	**mínar**	**mín**
dativo	**mínum**	**mínum**	**mínum**
genitivo	**minna**	**minna**	**minna**

Exatamente da mesma forma flexiona-se o adjetivo possessivo de segunda pessoa do singular *þinn*, *þín*, *þitt*.

A forma de primeira pessoa do plural **vár** recebe desinências de adjetivos e se flexiona seguindo o mesmo paradigma, sendo diferente apenas o acusativo singular masculino.

Singular:

	m.	*f.*	*n.*
nominativo	**várr**	**vár**	**várt**
acusativo	**várn**	**vára**	**várt**
dativo	**várum**	**várri**	**váru**
genitivo	**várs**	**várrar**	**várs**

Plural:

	m.	*f.*	*n.*
nominativo	**várir**	**várar**	**vár**
acusativo	**vára**	**várar**	**vár**
dativo	**várum**	**várum**	**várum**
genitivo	**várra**	**várra**	**várra**

Seguindo o mesmo modelo temos o possessivo de segunda pessoa do plural *yðvarr*, com algumas peculiaridades fonéticas.

Singular:

	m.	*f.*	*n.*
nominativo	**yð(v)arr**	**yður**	**yð(v)art**
acusativo	**yð(v)arn**	**yðra**	**yð(v)art**
dativo	**yðrum**	**yð(v)arri**	**yðru**
genitivo	**yð(v)ars**	**yð(v)arrar**	**yð(v)ars**

Plural:

	m.	*f.*	*n.*
nominativo	**yðrir**	**yðrar**	**yður**
acusativo	**yðra**	**yðrar**	**yður**
dativo	**yðrum**	**yðrum**	**yðrum**
genitivo	**yð(v)arra**	**yð(v)arra**	**yð(v)arra**

A consoante **v** é indicada entre parênteses pois existem formas alternativas sem ela: ocorrem tanto *yðvarr* quanto *yðarr*. Observe a mutação labial no feminino singular nominativo e neutro plural nominativo e acusativo, formas em que a consoante **v** desaparece necessariamente, por anteceder a vogal **u**. Lembre-se do que já observamos: em fases mais arcaicas, /v/ era uma semivogal /w/, e historicamente o /w/ desaparece antes de certos sons (cf. 1.2.3). Compare com as formas flexionadas de *vǫlva* nas quais a vogal da desinência é **u** (*vǫlu*, *vǫlur*) – cf. 3.2.2. Do mesmo modo, as formas sincopadas também perdem necessariamente a consoante **v** (f. sing. ac., m. sing. dat., n. sing. dat., m. pl. ac., f. pl. nom. e ac., dat. pl. dos três gêneros).

O pronome de primeira pessoa dual *okkarr*, *okkur*, *okkart* também segue o mesmo paradigma.

Singular:

	m.	*f.*	*n.*
nominativo	**okkarr**	**okkur**	**okkart**
acusativo	**okkarn**	**okkra**	**okkart**
dativo	**okkrum**	**okkarri**	**okkru**
genitivo	**okkars**	**okkarrar**	**okkars**

Plural:

	m.	*f.*	*n.*
nominativo	**okkrir**	**okkrar**	**okkur**
acusativo	**okkra**	**okkrar**	**okkur**
dativo	**okkrum**	**okkrum**	**okkrum**
genitivo	**okkarra**	**okkarra**	**okkarra**

Note a mutação labial no feminino singular nominativo e neutro plural nominativo e acusativo. A síncope segue a regra geral, sem irregularidades. Exatamente do mesmo modo flexiona-se a segunda pessoa dual *ykkarr*, *ykkur*, *ykkart*.

7.7. Patronímicos

Na sociedade nórdica antiga, e consequentemente em sua literatura, as genealogias desempenhavam um papel muito importante. Personagens são normalmente identificados pelo nome do pai, que funciona como uma espécie de sobrenome: *Leifr Eiríksson*, "Leifr, filho-de-Eiríkr".

Os patronímicos são montados simplesmente tomando-se o nome do pai no genitivo e acrescentando-se ao final a palavra *-son* para o masculino e *-dóttir* para o feminino. Se Ketill é filho de Bjǫrn, temos *Ketill Bjarnarson* (*Bjarnar* é o gen. de *Bjǫrn*). No caso do já mencionado Leifr, filho de Eiríkr, temos o patronímico com o gen. *Eiríks* seguido de *son* (assim com dois **s**). Jórunn, filha de Ketill, é *Jórunn Ketilsdóttir*. Além dos patronímicos, é muito comum no universo das sagas a utilização de apelidos, como no caso do célebre Ragnarr *loðbrók* ("calças peludas"). Nem todos os apelidos têm uma tradução clara.

Note-se que a utilização de patronímicos e apelidos não é exclusividade do islandês antigo, mas na maior parte das línguas modernas a prática foi substituída pela instituição do sobrenome de família. Na

Islândia até hoje se utilizam patronímicos no lugar de sobrenomes, e poucos islandeses possuem sobrenomes propriamente ditos (nomes de família).

Exercícios

1. Leia os seguintes trechos com genealogias retirados de sagas. Depois responda às perguntas. Use o glossário geral ao final do livro para encontrar as formas de nominativo dos nomes próprios.

Maðr er nefndr Hǫskuldr; hann var Dala-Kollsson. Móðir hans hét Þorgerðr ok var dóttir Þorsteins ins rauða, Óláfs sonar ins hvíta, Ingjaldssonar, Helgasonar; móðir Ingjalds var Þóra, dóttir Sigurðar orms-í-auga, Ragnars sonar loðbrókar. Uðr in djúpúðga var móðir Þorsteins rauðs, dóttir Ketils flatnefs, Bjarnar sonar bunu. Hǫskuldr bjó á Hǫskuldsstǫðum í Laxárdal. Hrútr hét bróðir hans; hann bjó á Hrútsstǫðum. Hann var sammœðr við Hǫskuld; faðir hans var Herjólfr. Hrútr var vænn maðr, mikill ok sterkr, vígr vel ok hógværr í skapi, manna vitrastr, harðráðr við óvini sína, en tillagagóðr inna stœrri mála.

(*Brennu-Njáls saga, 1*)

Ketill flatnefr hét einn ágætr hersir í Nóregi; hann var sonr Bjarnar bunu, Gríms sonar hersis ór Sogni. Ketill var kvángaðr; hann átti Yngvildi dóttur Ketils veðrs, hersis af Raumaríki. Bjǫrn ok Helgi hétu synir þeira, en dœtr þeira váru þær Auðr djúpauðga, Þórunn hyrna ok Jórunn mannvitsbrekka.

(*Eyrbyggja saga, 1*)

Ketill flatnefr hét maðr, sonr Bjarnar bunu; hann var hersir ríkr í Nóregi ok kynstórr. Hann bjó í Raumsdal í Raumsdœlafylki; (...) Ketill flatnefr átti Yngvildi, dóttur Ketils veðrs, ágæts manns. Þeira bǫrn váru fimm; hét einn Bjǫrn inn austrœni, annarr Helgi bjólan. Þórunn hyrna hét dóttir Ketils, er átti Helgi inn magri, sonr Eyvindar austmanns ok Rafǫrtu, dóttur Kjarvalds Írakonungs. Unnr in djúpúðga var enn dóttir Ketils, er átti Óláfr hvíti Ingjaldsson, Fróðasonar ins frœkna, er Svertlingar drápu. Jórunn manvitsbrekka hét enn dóttir Ketils; hon var móðir Ketils ins fiskna, er nam land í Kirkjubœ; hans sonr var Ásbjǫrn, faðir Þorsteins, fǫður Surts, fǫður Sighvats lǫgsǫgumanns.

(*Laxdœla saga, 1*)

Hvat heitir faðir Hǫskulds? Hann heitir Dala-Kollr.

1. Hvat heitir faðir Þorsteins ins rauða?
2. Hvat heitir faðir Óláfs ins hvíta?
3. Hvat heitir faðir Ingjalds?
4. Hvat heitir móðir Þorsteins ins rauða?
5. Hvat heitir sonr Herjólfs?
6. Hvat heitir faðir Þóru?
7. Hvat heitir faðir Ketils flatnefs?
8. Hvat heitir sonr Ragnars?
9. Hvat heitir sonr Bjarnar?
10. Hvat heitir kona Ketils flatnefs?
11. Hvat heitir faðir Bjarnar ok Helga? En móðir þeira?
12. Hvat heitir kona Helga ins magra?
13. Hvat heitir móðir Ketils ins fiskna?
14. Hvat heitir sonr Jórunnar Ketilsdóttur?
15. Hvat heita synir Yngvildar? En dœtr hennar?
16. Hvat heitir faðir Hrúts?

af Raumaríki : de Raumaríki (na Noruega)
austmaðr m. homem do leste (normalmente designa um norueguês)
austrœni : do leste
bjó : morava
djúpúðigr adj. de mente profunda
drápu : mataram
fimm num. card. cinco
fiskna : bom de pesca
flatnefr adj. de nariz chato
frœkna : bravo, valente
hersir m. chefe local, senhor guerreiro (na Noruega)
hét : chamava-se
hétu : chamavam-se
Hǫskuldsstaðir m. pl. "Locais de Hǫskuldr". Fazendas eram comumente assim denominadas, fazendo referência ao seu senhor. || **á Hǫskuldsstǫðum** : "em Hǫskuldsstaðir", "nos Locais de Hǫskuldr"
hvíta forma fraca (ac., gen e dat. – o nom. é *hvíti*) do adj. **hvítr** branco
hyrna f. a ponta da cabeça do machado
Írakonungr m. rei dos Irlandeses
Kirkjubœr m. "Fazenda da Igreja"
kvángaðr : casado

kynstórr adj. de grande estirpe, de ascendência nobre
Laxárdalr m. um vale na Islândia, o "Vale do Rio do Salmão"
loðbrók (pl. **loðbrœkr**) f. calça peluda
lǫgsǫgumaðr m. recitador da lei
magri : magro
mannvitsbrekka : "colina de bom senso"
nam : tomou (posse de)
ormr m. serpente
ór Sogni : de Sogn (na Noruega)
rauða : vermelho
Raumsdalr m. um vale em Raumsdœlafylki, na Noruega
sammœðr adj. de mesma mãe
var : era (pret. do verbo *vera*)
veðr (gen. -rs) m. carneiro
Yngvildi : ac. de Yngvildr, nome próprio f.

2. Escolha a forma certa do adjetivo para concordar com o substantivo.

1. handar (stóra, stór, stórrar)
2. hǫfuðs (fǫgr fagrs fagrt)
3. orma (ill illan illra)
4. manna (sterka sterks sterkra)
5. sverðs (bjarts bjarta bjǫrtum)
6. búðar (miklar miklir mikillar)
7. úlfs (grimmligra grimmligs grimmligr)
8. auga (hǫrð harðs harða)
9. sagna (mikla mikil mikilla)
10. konunga (kristnar kristinna kristin)
11. kvenna (fǫgr fagra fagrt)
12. hǫfðingja (margar margir margra)
13. goða (allt ǫll allra)
14. Ása (djarfra dǫrf djarfir)
15. bókar (stórar stór stórrar)
16. vǫlu (vitr, vitrum, vitrar)

3. Analise os substantivos com artigos sufixados no genitivo. Identifique o substantivo e a forma do artigo, como nos exemplos:

hestsins – hests (gen. sing. de hestr m.) + ins
øxarinnar – øxar (gen. sing. de øx f.) + innar

1. þingsins	7. arnarins
2. úlfanna	8. brœðranna
3. hǫfðanna	9. móðurinnar
4. kvennanna	10. Ásanna
5. vǫlunnar	11. asksins
6. skipanna	12. bogans

4. Complete as lacunas com a forma adequada do adjetivo possessivo (dado entre parênteses) para concordar com o substantivo a que se refere em cada situação. Após corrigi-las, traduza as frases.

1. Hann tekr við skipi ______. (okkarr okkart okkru okkrum okkarri)
2. Þér eruð dœtr fǫður _______. (yðvarr yðvars yður yðru yðrar)
3. „Dauði _____,“ segir Njáll, „ok konu _____ ok allra sona ______.“ (minn míns mínum minnar mínu minna mitt)
4. Veit ek, at þú ert hǫfðingi mikill, en bróðir ______ er mér ókunnigr. (þín þínir þínum þinna þinn)
5. Mikill máttr er gefinn goðum _______. (várr várum várs várrar várir)
6. Hver eru fleiri ørendi _______ á _______ fund? (þín þínir þínum þinna þinn) (várr várn várs várrar várir)

dauði m. morte	**máttr** m. poder
fundr m. encontro	**ókunnigr** adj. desconhecido
gefinn part. pret. de *gefa* : dado	**taka við** : receber
hǫfðingi m. chefe	**ørendi** n. pl. mensagem, missão

5. Leitura adicional: veja, agora na íntegra, o trecho em que o deus Loki é apresentado (*Gylfaginning*, 33-34).

Sá er enn talðr með Ásum er sumir kalla rógbera Ásanna ok frumkveða flærðanna ok vǫmm allra goða ok manna. Sá er nefndr Loki eða Loptr, sonr Fárbauta jǫtuns. Móðir hans er Laufey eða Nál. Brœðr hans eru þeir Býleistr ok Helblindi. Loki er fríðr ok fagr

Loki se liberta antes do Ragnarøkr, para lutar contra os deuses ao lado dos gigantes, por Ernst H. Walther

sýnum, illr í skaplyndi, mjǫk fjǫlbreytinn at háttum. Hann hafði þá speki um fram aðra menn er slœgð heitir, ok vælar til allra hluta. Hann kom Ásum jafnan í fullt vandræði ok opt leysti hann þá með vælræðum. Kona hans heitir Sigyn, sonr þeira Nari eða Narfi. En átti Loki fleiri bǫrn. Angrboða hét gýgr í Jǫtunheimum. Við henni gat Loki þrjú bǫrn. Eitt var Fenrisúlfr, annat Jǫrmungandr (þat er Miðgarðsormr), þriðja er Hel.

(*Gylfaginning, 33-34*)

Glossário

fleiri adj. comp. mais
flærð f. dolo, engano, fraude
frumkveði m. causador, originador
fullr adj. cheio, completo
gat : obteve
gýgr f. giganta
hafði þá speki : tinha aquela sabedoria
háttr m. modo, maneira, tipo || **at háttum** : nos modos, nos hábitos
hét : chamava-se
hlutr m. parte, porção || coisa
jafnan adv. sempre
Jǫtunheimr m. (comum no pl. Jǫtunheimar) Mundo dos Gigantes || **í Jǫtunheimum** : no Mundo dos Gigantes
kom Ásum : levou/levava os Æsir
leysti : soltou/soltava, libertou/libertava
opt adv. frequentemente
Miðgarðsormr m. serpente de Miðgarðr, a serpente do mundo
rógberi m. caluniador
skaplyndi f. caráter, natureza
slœgð f. artimanha, esperteza
speki f. sabedoria
sumr adj. algum
sýnum : na aparência
um fram + ac. : além, muito mais que
vandræði n. dificuldade, problema
var : era (pret. do verbo *vera*)
við henni : com ela

væl f. truque, artimanha
vælræði n. truque, estratagema, ilusionismo || **með vælræðum** : com truques, com estratagemas
vǫmm f. vergonha, desonra, mácula

þá speki ... er : "a(quela) sabedoria ... que"
þriðja : terceiro
þrjú : três

Vocabulário a ser memorizado

bani
brynja
fullr
geirr
harðr
hlutr
hǫfuð
hǫnd
lið
með

móti
ormr
ráð
saman
sumr
til
úlfr
verða
þing

Traduções das leituras e soluções dos exercícios

As traduções dos textos que se seguem têm como único propósito auxiliar o estudo e a compreensão das passagens de leitura oferecidas neste livro, e não devem ser encaradas como traduções literárias propriamente ditas. Buscamos a maior fidelidade possível à sintaxe, para que possam efetivamente ser utilizadas dentro da proposta didática aqui preconizada. Não obstante, deve-se ter em mente que nenhuma tradução esgota todas as possibilidades de interpretação de um dado texto, e tampouco sugerimos que as traduções fornecidas abaixo sejam versões absolutamente fieis das respectivas passagens originais. Note que nas traduções empregamos somente a forma de nominativo dos nomes próprios, mesmo que estejam flexionados no texto original, pois dentro da língua portuguesa os nomes precisam estar uniformizados de algum modo.

Unidade 1

Exercício 1

a11, b4, c12, d13, e15, f5, g18, h6, i10, j1, k20, l19, m21, n2, o7, p16, q14, r17, s9, t8, u3

Exercício 2

a1, b3, c2, d4, e5, f6, g7, h8

Exercício 3

Primeiro quadro: 1d, 2e, 3f, 4c, 5b, 6a
Segundo quadro: 1c, 2e, 3a, 4d, 5f, 6b
Terceiro quadro: 1e, 2f, 3c, 4a, 5b, 6d
Quarto quadro: 1d, 2a, 3f, 4c, 5e, 6b

Exercício 5

a. descobriu Reykjarvík
b. mãe de Haraldr Gormsson (filho de Gormr), rei dos dinamarqueses
c. compôs o Íslendingabók
d. rei da Noruega, trouxe o cristianismo à Noruega e à Islândia
e. irmã de Leifr Eiríksson
f. pai de Leifr, achou a Groenlândia
g. descobriu Vínland
h. compôs a Edda

1g, 2d, 3f, 4e, 5h, 6c, 7b, 8a

Unidade 2

Leitura: os Æsir

Óðinn é pai de todos os deuses.
Frigg é mulher de Óðinn.
Þórr é filho de Óðinn. Ele é grande e forte.
Baldr é belo e brilhante. Ele é também filho de Óðinn.
Týr é sábio. Ele é o maneta dos æsir.
Freyja é bela. Ela é irmã de Freyr.
Freyr é o mais excelente dos æsir.
Freyr e Freyja são vanir. Eles são filhos de Njǫrðr.
Njǫrðr é rico e abastado.
Loki é mau. O Lobo Fenrir e a Serpente de Miðgarðr são seus filhos. Eles também são maus.

Exercícios

1. Coloque a forma do verbo *vera*

1. Hann er
2. Vér erum
3. Þit eruð
4. Þér eruð
5. Ek em
6. Vit erum
7. Hon er
8. Þat er
9. Þær eru
10. Þú ert
11. Þeir eru
12. Þau eru

2. Quais palavras têm artigo?

hǫllin – hǫll+in
goðit – goð+it
jǫtnarnir – jǫtnar+inir
augun – augu+in
sverðin – sverð+in
vǫlvan –vǫlva+in
bœkrnar –bœkr+inar
hestrinn – hestr+inn
augat – auga+it

3. Selecione a forma correta

1. hestar (ung <u>ungir</u> ungar)
2. jǫtunn (mikil mikit <u>mikill</u>)
3. konungar (sterkt sterkar <u>sterkir</u>)
4. menn (mǫrg margar <u>margir</u>)
5. sverð (<u>bjǫrt</u> bjartr bjartar)
6. bǫrn (ungar ungr <u>ung</u>)
7. skip (fagr fagrar <u>fǫgr</u>)
8. land (fagr <u>fagrt</u> fǫgr)
9. ey (mikill miklir <u>mikil</u>)
10. konur (fagr fǫgr <u>fagrar</u>)
11. hallir (bjartr bjǫrtr <u>bjartar</u>)
12. vǫlva (<u>vitr</u> vitrar vitrir)

4. Traduza

1. Eu não sou escravo.
2. Eu sou um homem dinamarquês.
3. Eles são cinco, mas nós somos oito.
4. Nós somos homens cristãos.
5. Nós (dois) somos ambos malfeitores.
6. Vós (dois) irmãos sois homens de grande valor.
7. Agora nós estamos aqui, doze judicantes.
8. Ela é uma mulher de temperamento duro, e tu és teimoso e desequilibrado.
9. Esta é a melhor arma.
10. Elas são muitas e díspares/descontínuas.

Unidade 3

Leitura: Os deuses Æsir

Quem são os Æsir?

Óðinn é o mais eminente e mais velho dos Æsir. Ele se chama Alfǫðr ("Pai de Todos"), porque ele é pai de todos os deuses. Ele se chama também Valfǫðr, porque seus filhos de criação são todos aqueles que caem mortos em batalha. A mulher dele se chama Frigg. O seu cavalo se chama Sleipnir.

Þórr é dos Æsir o que está mais à frente (i. e., é o mais distinto dos Æsir). Ele é chamado Ásaþórr ou Ǫkuþórr. Ele é o mais forte de todos os deuses e homens. Þórr tem dois bodes e uma carruagem que ele conduz, e os bodes puxam a carruagem. Por isso ele é chamado Ǫkuþórr ("Þórr que conduz"). Ele tem também três bens preciosos. Um deles é o martelo Mjǫllnir.

Baldr é o melhor. Ele é belo e brilhante.

Hǫðr chama-se um Áss. Ele é cego. Ele é bastante forte.

Njǫrðr é rico e próspero. Ele teve dois filhos. O filho se chama Freyr e a filha Freyja. Eles são belos e poderosos.

Aquele que se chama Týr também é um Áss. Ele é o mais intrépido e corajoso (lit. "melhor corajoso"). Ele é sábio. Ele é o maneta dos Æsir. Ele não é chamado de conciliador de homens.

Bragi chama-se um. Ele é excelente em sabedoria e principalmente em eloquência e habilidade com as palavras. Sua mulher é Iðunn.

Heimdallr chama-se um. Ele é chamado de o Áss branco. Ele é grande e sagrado. Ele se chama também Hallinskíði e Gullintanni. Seus dentes são de ouro. Seu cavalo se chama Gulltoppr.

Víðarr chama-se um, o Áss mudo. Ele é forte quase tanto quanto Þórr é.

Áli ou Váli chama-se um, filho de Óðinn e Rindr. Ele é ousado em batalhas e de disparo muito certeiro.

Úllr chama-se um, filho de Sif, enteado de Þórr. Ele é um bom arqueiro e capaz de esquiar. Ele é também belo.

Forseti chama-se o filho de Baldr.

Ainda é contado entre os Æsir aquele que alguns chamam de vergonha de todos os deuses e homens. Ele se chama Loki ou Loptr. Ele é filho do gigante Fárbauti. Sua mãe é Laufey ou Nál. Seus irmãos são Býleistr e Helblindi. Loki é formoso e belo. Ele é mau e muito instável (isto é, de comportamento instável, imprevisível).

Exercícios

1 e 2. Identifique o gênero e o número. Passe do singular para o plural e vice-versa

1. skaphǫrð kona f. sing. → *skapharðar konur*
2. harðar orrostur f. pl. → *hǫrð orrosta*
3. djúpt haf n. sing. → *djúp hǫf*
4. lǫng skip n. pl. → *langt skip*
5. mikill maðr m. sing. → *miklir menn*
6. langt spjót n. sing. → *lǫng spjót*
7. sterkir konungar m. pl. → *sterkr konungr*
8. há hǫll f. sing. → *hávar hallir*
9. stór lǫnd n. pl. → *stórt land*
10. miklar sǫgur f. pl. → *mikil saga*

3. Forme frases (sugestão)

Konan er skaphǫrð. Konurnar eru skapharðar. Maðrinn er mikill. Konungarnir eru sterkir. Hǫllin er há. Landit er stórt. Sagan er mikil. Sǫgur eru miklar. Maðr er sterkr. Hafit er djúpt.

4. Substitua por pronomes (relacionado ao anterior)

Hon er skaphǫrð. Þær eru skapharðar. Hann er mikill. Þeir eru sterkir. Hon er há. Þat er stórt. Hon er mikil. Þær eru miklar. Hann er sterkr. Þat er djúpt.

Unidade 4

Leitura: As deusas Ásynjur

Quem são as deusas Ásynjur?

Frigg é a mais eminente. Ela tem aquela propriedade que se chama Fensalir (ela tem uma propriedade que se chama Fensalir), e ela (a propriedade) é muito nobre. Frigg é mulher de Óðinn, e ela conhece o destino das pessoas. Frigg não diz profecias.

A segunda é Sága. Ela mora em Søkkvabekkr, e este é um grande lugar.

A terceira é Eir. Ela é a melhor médica.

A quarta é Gefjun. Ela é uma virgem, e aquelas (mulheres) que morrem virgens lhe servem.

A quinta é Fulla. Ela também é uma virgem, e anda com cabelos soltos, e (tem) uma fita de ouro em torno da cabeça. Ela porta a caixa de Frigg e cuida dos calçados dela, e compartilha os segredos dela ("sabe os desígnios secretos com ela").

Freyja é ao lado de Frigg a mais eminente. Ela se casou com aquele homem que se chama Óðr (casou-se com um homem que se chama Óðr). Óðr foi embora por longos caminhos, e Freyja ficou para trás chorando ("chora atrás"), e suas lágrimas são ouro vermelho. Freyja tem dois gatos e uma carruagem que ela conduz, e os gatos puxam a carruagem. Freyja tem muitos nomes. Ela se chama Mardǫll e Hǫrn, Gefn, Sýr. Ela é chamada de Vanadís ("Donzela dos Vanir").

Sjǫfn ocupa-se (cuida) muito para voltar as mentes das pessoas, homens e mulheres, ao amor. A partir do nome dela o amor é denominado *sjafni* (= vocábulo poético para *amor*).

Lofn é tão branda e boa para preces que ela obtém permissão de Alfǫðr ou Frigg para a união de pessoas, homens e mulheres, mesmo que antes tenha sido proibida ou completamente recusada.

Vár ouve os juramentos das pessoas, homens e mulheres, e acordos privados que fazem entre si. Ela também se vinga daqueles que descumprem.

Há ainda aquelas outras que devem servir em Valhǫll, levar bebida e cuidar dos utensílios de mesa e dos recipientes de cerveja. Elas se chamam valquírias. Óðinn as envia a toda batalha. As valquírias escolhem a hora da morte dos homens e decidem a vitória.

* * *

Há no céu muitos lugares belos ("Muitos lugares são no céu belos"). Lá há um salão belo, e deste salão vêm três virgens que assim se chamam: Urðr, Verðandi, Skuld. Essas virgens moldam o destino para as pessoas. Nós as chamamos de nornas. Há ainda mais nornas, aquelas que vêm para toda pessoa que nasce para criarem (o seu) destino, e essas são de origem divina, ao passo que outras são da estirpe dos elfos, e as terceiras (o terceiro grupo de nornas) são da estirpe dos anões. Se as nornas repartem o destino das pessoas, então elas repartem de modo desigual, pois (que) alguns têm uma boa vida, ao passo que outros têm pouco sucesso ou glória, alguns uma longa vida, outros uma breve. Boas nornas criam um bom destino, mas aquelas pessoas que sofrem infortúnios, são nornas más que causam isso.

Exercícios

1. Conjugações

heiti heitir heitir heitum heitið heita
sendi sendir sendir sendum sendið senda
gæti gætir gætir gætum gætið gæta
hefni hefnir hefnir hefnum hefnið hefna
þjóna þjónar þjónar þjónum þjónið þjóna
banna bannar bannar bǫnnum bannið banna
þakka þakkar þakkar þǫkkum þakkið þakka
skapa skapar skapar skǫpum skapið skapa
ber berr berr berum berið bera
sit sitr sitr sitjum sitið sitja

ríð ríðr ríðr ríðum ríðið ríða
bít bítr bítr bítum bítið bíta
ræð ræðr ræðr ráðum ráðið ráða
fer ferr ferr fǫrum farið fara
kem kemr kemr komum komið koma
bý býr býr búum búið búa
sný snýr snýr snúum snúið snúa
stend stendr stendr stǫndum standið standa
kýs kýss kýss kjósum kjósið kjósa
fæ fær fær fáum fáið fá

Quais verbos apresentam mutação frontal? Em quais pessoas?

Os verbos **ráða fara koma búa snúa standa kjósa fá** apresentam mutação frontal nas três pessoas do singular.

Quais formas apresentam mutação labial, e por quê?

As formas de primeira pessoa do plural dos verbos que possuem a vogal **a** no radical, por causa da desinência *-um*: **bǫnnum þǫkkum skǫpum fǫrum stǫndum**

2. Preencha as lacunas

1. Æsirnir eru miklir fyrir sér.
2. Synir hans heita Oddr ok Hǫskuldr, en dóttir hans heitir Auðr.
3. Vér hǫfum mǫrg skip ok ǫll stór.
4. Þeir taka hestana ok ríða til alþingis.
5. Ok er Auðunn gengr fyrir konung kveðr hann konung vel.
6. Þat er svá sem þér segið
7. Ek em íslenzkr maðr.
8. Baldr er fagr ok bjartr.
9. Þær ganga inn í búðina.
10. Víkingar drepa menn.
11. Þar sér hann fagra konu.

3. Traduza

1. Os Æsir são de grande poder/são imponentes.
2. (Os) filhos dele se chamam Oddr e Hǫskuldr, e a filha dele se chama Auðr.
3. Nós temos muitos navios e todos grandes.
4. Eles pegam os cavalos e cavalgam para a assembleia geral.
5. E quando Auðunn caminha diante do rei, cumprimenta bem o rei.
6. Isto é assim como vós dizeis.
7. Eu sou um homem islandês.
8. Baldr é belo e brilhante.
9. Elas andam para dentro da tenda.
10 (Os) viquingues matam homens/pessoas.
11. Lá ele vê uma bela mulher.

4. Texto

Em seguida ocorre lá uma grande batalha, e os viquingues atacam/abordam lentamente (com dificuldade) o navio de Hrútr. Úlfr avança bem. Ele golpeia e dá estocadas. Ásólfr chama-se o homem do castelo de proa de Atli; ele pula sobre o navio de Hrútr e mata quatro homens, antes que Hrútr o vê; ele então se volta contra ele. Então Ásólfr golpeia (estoca) no escudo de Hrútr e através, e Hrútr golpeia na direção dele e mata assim Ásólfr. Úlfr, o não-lavado, vê isso e pronuncia: "Tu desferes grandes golpes, Hrútr, mas tens muito a repagar a Gunnhildr." Hrútr diz: "Tu falas com a boca fadada à morte." Agora Atli vê um ponto descoberto em Hrútr onde pode feri-lo com arma, e arremessa a lança através, trespassando-o (através dele). Agora faz-se uma dura batalha (ou: Agora a batalha torna-se dura). Atli pula sobre o navio de Hrútr e mata muitos homens; e agora Ǫzurr se volta contra ele e golpeia (estoca) em sua direção, e cai ele próprio para trás, porque um outro homem golpeia na direção dele. Hrútr se volta agora contra Atli; ele golpeia imediatamente no escudo de Hrútr e (o) despedaça inteiro ("o quebra inteiro abaixo"). Então Atli recebe uma pedrada na mão, e cai (abaixo) a sua espada. Hrútr apanha a espada e decepa a perna dele (corta a perna debaixo dele); em seguida concede-lhe o ferimento de morte. Lá eles tomam muita riqueza e têm consigo dois navios, aqueles que são os melhores.

a) Relacione:

brjóta 31
drepa 8, 13, 24
eiga 17
falla 27, 33
fá 32
ganga 3
hafa 38
heita 6
hlaupa 7, 23
hǫggva 4, 12, 16, 30, 35
leggja 5, 11, 26, 28

mæla 15, 19
segja 18
sjá 9, 14, 20
skjóta 21
snúa 10, 25, 29
sœkja 2
taka 34, 37
veita 36
vera 39
verða 1, 22

b)

terceira pessoa do singular 1, 3–15, 18, 20–36
terceira pessoa do plural 2, 37– 39
segunda pessoa do singular 16, 17, 19

Ocorre mutação frontal nos verbos conjugados no singular, quando possuem no radical uma vogal posterior e a desinência é -, -i, -ir ou -r.

Unidade 5

Leitura: O Freixo Yggdrasill

O freixo é de todas as árvores a maior e melhor. Seus galhos se estendem sobre o mundo todo e ficam sobre o céu. Três raízes da árvore a sustentam, e se estendem muitíssimo largamente ("ficam muito largamente"). Uma está com os Æsir, já a segunda com os gigantes do gelo, lá onde antigamente ficava Ginnungagap. A terceira fica sobre Niflheimr, e embaixo desta raiz fica Hvergelmir, e Níðhǫggr rói por baixo a raiz.

E embaixo daquela raiz que está virada para os gigantes do gelo, lá fica o poço de Mímir, onde sabedoria e conhecimento humano estão encerrados, e aquele que possui o poço chama-se Mímir. Ele é cheio de sabedorias, porque bebe do poço com o chifre Gjallarhorn. Lá veio Alfǫðr e pediu para si um trago do poço, mas não obteve antes que depositasse seu olho como garantia. Assim se diz na Vǫluspá:

> Tudo sei eu, Óðinn,
> onde tu o olho depositaste,
> naquele esplêndido
> poço de Mímir.
> Mímir bebe hidromel
> toda manhã
> do penhor de Valfǫðr.
> Vós sabeis já, ou o quê?

A terceira raiz do freixo fica no céu, e sob esta raiz fica aquele poço que é muito sagrado e se chama poço de Urðr. Lá os deuses têm seu tribunal. Todo dia os deuses cavalgam lá para cima pela ponte Brifrǫst. Ela se chama também Ponte dos Æsir.

Os cavalos dos Æsir se chamam assim: Sleipnir é o melhor – Óðinn o tem, e ele possui oito patas; o segundo é Glaðr, o terceiro Gyllir, o quarto Glær, o quinto Skeiðbrimir, o sexto Silfrtoppr, o sétimo Sinir, o oitavo Gils, o nono Falhófnir, o décimo Gulltoppr, Léttfeti o undécimo. (...) E Þórr, por sua vez, caminha até o tribunal e vadeia aqueles rios que assim se chamam:

Kǫrmt e Ǫrmt
e dois Kerlaugar,
esses (rios) Þórr deve vadear
todo dia
quando julgará
no freixo de Yggdrasill,
porque a Ponte dos Æsir
arde inteira em chamas,
águas sagradas fervem.

(...)

Uma águia fica sentada nos galhos do freixo, e ela é sabedora de muito, e entre os olhos dela fica sentado um falcão que se chama Veðrfǫlnir. Um esquilo que se chama Ratatoskr corre para cima e para baixo ao longo do freixo e porta palavras insidiosas entre a águia e Níðhǫggr. E quatro veados percorrem os galhos do freixo e mordem a folhagem. Eles se chamam assim: Dáinn, Dvalinn, Duneyrr, Duraþrór. E tantas serpentes há em Hvergelmir com Níðhǫggr que nenhuma língua pode contar. Assim se diz aqui:

O freixo de Yggdrasill
suporta penas
mais do que os homens sabem.
Um veado morde do alto
e do lado apodrece,
Níðhǫggr tira pedaços de baixo.

(...)

É dito ainda que aquelas nornas que habitam junto ao poço de Urðr pegam todo dia água no poço e, junto (com a água), aquela lama que jaz em torno do poço, e regam o freixo para que seus galhos não sequem nem apodreçam. (...)

Exercícios

1. Selecione e analise

1. heilagt n. sing. nom./ac.
2. góða m. pl. ac.
3. góðir m. pl. nom.
4. mikinn m. sing. ac.
5. helgar f. pl. nom./ac.
6. illr m. sing. nom.
7. bjǫrt n. pl. nom./ac.
8. fagra f. sing. ac.
9. mǫrg n. pl. nom./ac.
10. bjarta f. sing. ac.
11. illan m. sing. ac.
12. stórar f. pl. nom./ac.

2. Analise as formas e separe o artigo

1. bǫrn + in n. pl. nom./ac.
2. ernir + inir m. pl. nom.
3. konu + ina f. sing. ac.
4. íkorna + inn m. sing. ac.
5. sverð + it n. sing. nom./ac.
6. jǫrð + ina f. sing. ac.
7. búðir + inar f. pl. nom./ac.
8. hestr + inn m. sing. nom.
9. búð + ina f. sing. ac.
10. vǫlur + nar f. pl. nom./ac.
11. Æsir + inir m. pl. nom.
12. konunga + ina m. pl. ac.
13. hǫll + ina f. sing. ac.
14. hest + inn m. sing. ac.

3. Frases (traduções).

1. Ela o envia para dentro da casa subterrânea.
2. Agora ele vê onde estão sentados dois homens grandes e terríveis, e (eles) têm elmos longos e cotas de malha brancas.
3. Agora a criança corre para dentro do salão.
4. Signý ouve agora o que eles dizem.
5. Ela se levanta e pega as crianças.
6. Sigmundr diz: 'Eu não desejo matar tuas crianças'.
7. Mas Sinfljóti mata as crianças.
8. Ele vê uma mulher bela.
9. Não estão todos os Volsungos mortos.
10. Ele pede que sua irmã caminhe para fora ("pede sua irmã caminhar para fora"). Ela faz assim.
11. Hǫttr está tão assustado que nem come nem bebe (não pega nem comida nem bebida).
12. Egill pega uma grande pedra.
13. Bǫðvarr caminha diante do rei e o cumprimenta galantemente. O rei pergunta a ele o nome.
14. Ele tem um filho jovem.
15. Ele tem uma mulher jovem e formosa.
16. Lá eles veem belas cidades (cidadelas, fortificações) e bonitos castelos e uma morada de rei.
17. Útgarðaloki diz que isso pode bem ser e caminha para dentro do salão e chama o seu pajem.

Leitura adicional: Fáfnismǫ́l 12-13

[Sigurðr pergunta:]
Dize-me, Fáfnir,
já que te dizem dotado de conhecimento
e que sabes bem muito:
quais são as nornas
que são parteiras
e separam mães dos filhos (escolhem que mães vivam e filhos não? retiram filhos das mães?)

[Fáfnir diz:]
De origens muito díspares
digo eu as nornas serem.
elas não têm a mesma família,
algumas são aparentadas aos æsir,
algumas são aparentadas aos elfos,
algumas filhas de Dvalinn.

Unidade 6

Leitura: Ragnarøkr

Que notícias há para contar sobre o Ragnarøkr?

(...)

Há muitos e grandes eventos para contar sobre ele ("Grandes eventos são de lá para contar e muitos"). Os primeiros (são) que vem aquele inverno que é chamado de "inverno poderoso". Então cai neve de todas as direções. Há então grandes congelamentos e ventos cortantes. Não há sol ("não se goza do sol" ou "o sol não é de valia"). Estes invernos se sucedem três na sequência ("vão três juntos"), e nenhum verão entre eles. Mas antes transcorrem ("andam") assim outros três invernos, durante os quais há por todo o mundo grandes batalhas. Então irmãos se matam por causa de cobiça e ninguém respeita pai ou filho em assassínios ou adultério.

(...)

Então ocorre algo ("ocorre aquilo") que parece um grande evento ("grandes eventos"), que o lobo engole o sol, e isso parece às pessoas um grande mal. Então o outro lobo apanha a lua, e faz também este uma grande destruição.

As estrelas somem do céu. Então acontece que a terra inteira e as montanhas tremem tanto que as árvores se soltam da terra para cima, e as montanhas desmoronam, e todos os grilhões e amarras se partem e se rompem. Então o lobo Fenrir fica solto.

Então o mar jorra sobre as terras porque então a Serpente de Miðgarðr se vira em fúria de gigante e se lança contra a terra. Então acontece também que Naglfar se solta, um navio que assim é chamado. Ele é feito das unhas das pessoas mortas (...). E e nesse agito do mar (ou: inundação do mar) flutua Naglfar. Hrymr chama-se um gigante que governa o Naglfari (*obs. a palavra ocorre em duas variantes, Naglfar n. e Naglfari m.*).

E o lobo Fenrir avança boquiaberto, e a mandíbula superior está no céu, enquanto a inferior está junto à terra. Ele abocanharia mais, se houvesse espaço. Chamas ardem dos olhos e das narinas dele. A Serpente de Miðgarðr jorra tanto veneno que asperge os ares todos e as águas, e ela é completamente horrível, e ela está de um dos lados do lobo. Nesta balbúrdia o céu se parte e de lá vêm cavalgando os filhos de Muspell. Surtr cavalga à frente ("primeiro") e tanto diante dele quanto atrás dele (há) fogo ardente. A espada dele é muito boa. Dela emana um brilho mais forte do que do sol ("dela brilha mais do que do sol").

E quando eles cavalgam (sobre) Bifrǫst, ela se quebra (...). Os filhos de Muspell avançam àquela planície que se chama Vígríðr. Lá chegam então também o lobo Fenrir e a Serpente de Miðgarðr. Lá também então já chegaram Loki e Hrymr e com ele todos os gigantes do gelo, e a Loki acompanham todos os companheiros de Hel. Mas os filhos de Muspell têm a sua própria legião; esta é muito brilhante. A planície Vígríðr tem cem *rastir* (aproximadamente cem léguas) em cada direção

Exercícios

1. Escolha o adjetivo

1. sterkr
2. fǫgr
3. stór
4. ríkum
5. mikilli
6. hvítum
7. harðar
8. fagri
9. djǫrfum
10. hǫrðum

2. Complete com o dativo e traduza

a. Ormr býðr honum þar at vera. *Ormr convida-o a ficar (estar) lá.*

b. Gefir Þorbjǫrn mǫnnum gjafir. *Þorbjǫrn dá presentes para as pessoas.*

c. Þorkell býðr spákonu þangat, ok er henni búin góð viðtaka. *Þorkell convida a profetisa até lá, e é preparada para ela uma boa recepção.*

d. Nú er frá því at segja, (...). *Agora há para contar (disso).*

e. Skaltu fara með ørendum mínum at boða kristni á Grœnlandi. *Deves ir/Irás com minha missão para pregar o cristianismo na Groenlândia.*

f. En Garða vil ek láta brenna á báli sem skjótast, því at hann veldr ǫllum aptrgǫngum þeim sem hér hafa orðit í vetr. *Mas eu quero que que cremem [o cadáver de] Garði numa pira o mais rápido possível, porque ele causa todas as assombrações que aqui ocorreram no inverno.*

g. En er hon ferr, þá ekr hon kǫttum tveim ok sitr í reið. *E quando ela vai (viaja), conduz dois gatos e fica sentada na carruagem.*

3. Identifique o substantivo e a forma do artigo

1. búðum dat. pl. de búð f. + inum
2. sǫgu dat. sing. de saga f. + inni
3. konungi dat. sing. de konungr m. + inum
4. sverði dat. sing. de sverð n. + inu
5. bǫrnum dat. pl. de barn n. + inum
6. hǫfðingja dat. sing. de hǫfðingi + inum
7. bogum dat. pl. de bogi m. + inum
8. mǫnnum dat. pl. de maðr m. + inum
9. manni dat. sing. de maðr m. + inum
10. auga dat. sing. de auga n. + inu
11. vǫlu dat. sing. de vǫlva f. + inni
12. Ásynjum dat. pl. de Ásynja + inum

Leitura adicional: Sobre Baldr

O segundo (ou: "um outro") filho de Óðinn é Baldr, e sobre ele há coisas boas ("há bom") para contar. Ele é o melhor e todos o veneram. Ele é tão belo na aparência e tão brilhante que dele emana luz, e uma planta é tão branca que é comparada aos cílios de Baldr. Ela é de todas as plantas a mais branca, e a partir disso podes inferir a beleza dele tanto no cabelo quanto no corpo. Ele é o mais sábio dos Æsir e de mais bela fala e mais gracioso, mas uma característica o acompanha, que nenhuma decisão sua pode ser cumprida. Ele mora lá onde se chama Breiðablik. Ele (este local) fica no céu. Neste lugar não pode haver nada impuro (...).

Unidade 7

Leitura: Ragnarøkr

E quando acontecem esses eventos, então Heimdallr se põe de pé e sopra com ímpeto o chifre Gjallarhorn e desperta todos os deuses e eles têm uma assembleia conjuntamente. Então Óðinn cavalga até o poço de Mímir e toma conselhos de Mímir para si e para seu grupo. Então o freixo de Yggdrasill treme e nenhuma coisa está então livre de temor no céu ou na terra. Os Æsir e todos os *einherjar* vestem armaduras e avançam às planícies. Óðinn cavalga à frente com elmo dourado e bela cota de malha e sua lança que se chama Gungnir. Ele se dirige contra o lobo Fenrir, e Þórr avança ao seu lado, e não pode ajudá-lo, porque tem as mãos totalmente ocupadas lutando com a Serpente de Miðgarðr. Freyr luta contra Surtr e ocorre um duro confronto antes que Freyr tomba. Isso é a sua morte, pois ele sente falta de sua boa espada, que ele deu a Skírnir. Então é solto também o cão Garmr, que fica amarrado diante de Gnipahellir. Ele é o maior monstro. Ele trava uma batalha contra Týr, e um causa a morte do outro. Þórr mata a Serpente de Miðgarðr e de lá se afasta nove passos. Então ele tomba morto à terra por conta do veneno que a serpente sopra nele. O lobo engole Óðinn. É essa a sua morte. Mas imediatamente em seguida Víðarr se vira para lá ("se vira à frente") e pisa com um pé na mandíbula inferior do lobo. (...) Com uma das mãos ele segura a mandíbula superior do lobo e rasga a sua boca ao meio (separa a mandíbula inferior da superior), e isso é a morte do lobo. Loki trava uma luta com Heimdallr, e um mata ao outro. Em seguida, Surtr ateia fogo sobre a terra e queima o mundo inteiro. Assim é dito na *Vǫluspá*:

Forte sopra Heimdallr
o chifre está no alto.
Óðinn fala
com a cabeça de Mímir.
Treme o freixo

de Yggdrasill de pé,
geme a árvore vetusta
e o gigante se solta.
(...)

Exercício 1 – Genealogias de sagas

Um homem é chamado Hǫskuldr; ele era filho de Dala-Kollr. Sua mãe chamava-se Þorgerðr e era filha de Þorsteinn, o vermelho, filho de Óláfr, o branco, filho de Ingjaldr, filho de Helgi; a mãe de Ingjaldr foi Þóra, filha de Sigurðr serpente-no-olho, filho de Ragnarr *loðbrók*. Uðr mente-profunda foi mãe de Þorsteinn, o vermelho, e filha de Ketill nariz-chato, filho de Bjǫrn buna. Hǫskuldr morava em Hǫskuldsstaðir em Laxárdalr. Hrútr chamava-se o irmão dele; ele morava em Hrútsstaðir. Era irmão de Hǫskuldr por parte de mãe ("era de mesma mãe com Hǫskuldr"); seu pai era Herjólfr. Hrútr era um homem belo, grande e forte, bom lutador (matador) e brando no temperamento, duro com seus inimigos, mas um bom conselheiro nas maiores questões. (*Brennu-Njáls saga*, 1)

Ketill nariz-chato chamava-se um nobre chefe guerreiro na Noruega; ele era filho de Bjǫrn *buna*, filho de Grímr, chefe guerreiro de Sogn. Ketill era casado; ele tinha como esposa Yngvildr, filha de Ketill carneiro, chefe guerreiro de Raumaríki. Bjǫrn e Helgi chamavam-se os filhos deles, ao passo que as filhas deles eram Auðr mente-profunda, Þórunn hyrna e Jórunn colina-de-bom-senso. (*Eyrbyggja saga*, 1)

Ketill nariz-chato chamava-se um homem, filho de Bjǫrn *buna*; ele era um poderoso chefe guerreiro na Noruega e de grande estirpe. Ele morava em Raumsdalr, em Raumsdœlafylki; Ketill nariz-chato tinha (como esposa) Yngvildr, filha de Ketill carneiro, um nobre homem. Os filhos deles eram (foram) cinco; um chamava-se Bjǫrn, o do leste, o segundo Helgi bjólan. Þórunn hyrna chamava-se uma filha de Ketill, a qual Helgi o magro, filho de Eyvindr homem do leste e Rafarta, filha de Kjarvaldr rei dos irlandeses, teve (como esposa). Unnr, a de mente profunda, era também (ainda) filha de Ketill, a qual Óláfr o branco, filho de Ingjaldr, filho de Fróði o valente, que os Svertlingos mataram, teve (como esposa). Jórunn colina-de-bom--senso chamava-se ainda (também) uma filha de Ketill; ela foi a mãe de Ketill o bom de pesca, que tomou terra em Kirkjubœr; o filho dele foi Ásbjǫrn, o pai de Þorsteinn, o pai de Surtr, o pai de Sighvatr o recitador das leis. (*Laxdœla saga*, 1)

Responda às perguntas:

1. Hvat heitir faðir Þorsteins ins rauða? *Hann heitir Óláfr inn hvíti.*
2. Hvat heitir faðir Óláfs ins hvíta? *Hann heitir Ingjaldr.*
3. Hvat heitir faðir Ingjalds? *Hann heitir Helgi.*
4. Hvat heitir móðir Þorsteins ins rauða? *Hon heitir Uðr inn djúpúðga.*
5. Hvat heitir sonr Herjólfs? *Hann heitir Hrútr.*
6. Hvat heitir faðir Þóru? *Hann heitir Sigurðr ormr-í-auga.*
7. Hvat heitir faðir Ketils flatnefs? *Hann heitir Bjǫrn buna.*
8. Hvat heitir sonr Ragnars? *Hann heitir Sigurðr ormr-í-auga.*
9. Hvat heitir sonr Bjarnar? *Hann heitir Ketill flatnefr.*
10. Hvat heitir kona Ketils flatnefs? *Hon heitir Yngvildr.*
11. Hvat heitir faðir Bjarnar ok Helga? En móðir þeira? *Faðir þeira heitir Ketill en móðir þeira heitir Yngvildr.*
12. Hvat heitir kona Helga ins magra? *Hon heitir Þórunn hyrna.*
13. Hvat heitir móðir Ketils ins fiskna? *Hon heitir Jórunn manvitsbrekka.*
14. Hvat heitir sonr Jórunnar Ketilsdóttur? *Hann heitir Ketill inn fiskni.*
15. Hvat heita synir Yngvildar? En dœtr hennar? *Synir hennar heita Bjǫrn ok Helgi, en dœtr hennar heita Auðr, Þórunn ok Jórunn.*
16. Hvat heitir faðir Hrúts? *Hann heitir Herjólfr.*

2. Escolha a forma certa do adjetivo

1. handar (stóra, stór, <u>stórrar</u>)
2. hǫfuðs (fǫgr <u>fagrs</u> fagrt)

3. orma (ill illan illra)
4. manna (sterka sterks sterkra)
5. sverðs (bjarts bjarta bjǫrtum)
6. búðar (miklar miklir mikillar)
7. úlfs (grimmligra grimmligs grimmligr)
8. auga (hǫrð harðs harða)
9. sagna (mikla mikil mikilla)
10. konunga (kristnar kristinna kristin)
11. kvenna (fǫgr fagra fagrt)
12. hǫfðingja (margar margir margra)
13. goða (allt ǫll allra)
14. Ása (djarfra dǫrf djarfir)
15. bókar (stórar stór stórrar)
16. vǫlu (vitr, vitrum, vitrar)

3. Analise

1. þings gen. sing. de þing n. + ins
2. úlfa gen. pl. de úlfr m. + inna
3. hǫfða gen. pl. de hǫfuð n. + inna
4. kvenna gen. pl. de kona f. + inna
5. vǫlu gen. sing. de vǫlva f. + innar
6. skipa gen. pl. de skip n. + inna
7. arnar gen. sing. de ǫrn m. + ins
8. brœðra gen. pl. de bróðir m. + inna
9. móður gen. sing. de móðir f. + innar
10. Ása gen. pl. de Áss m. + inna
11. asks gen. sing. de askr m. + ins
12. boga gen. sing. de bogi m. + ins

4. Complete e traduza

1. Hann tekr við skipi okkru. *Ele recebe o nosso navio.*
2. Þér eruð dœtr fǫður yðvars. *Vós sois filhas de vosso pai.*

3. "Dauði minn," segir Njáll, "ok konu minnar ok allra sona minna." *"Minha morte," diz Njáll, "e de minha mulher e de todos os meus filhos."*
4. Veit ek, at þú ert hǫfðingi mikill, en bróðir þinn er mér ókunnigr. *Eu seu que tu és um grande chefe, mas teu irmão me é desconhecido.*
5. Mikill máttr er gefinn goðum várum. *Um grande poder foi (é) dado aos nossos deuses.*
6. Hver eru fleiri ørendi þín á várn fund? *Quais são tuas outras missões ao nosso encontro? (Quais são teus outros objetivos ao vires ao nosso encontro?)*

Leitura adicional: Loki

É ainda contado entre os Æsir aquele que alguns chamam de caluniador dos Æsir e originador dos dolos e desonra de todos os deuses e homens. Ele é denominado Loki ou Loptr, filho do gigante Fárbauti. Sua mãe é Laufey ou Nál. Seus irmãos são Býleistr e Helblindi. Loki é formoso e de aspecto belo (belo na aparência), mau no caráter, muito instável nos modos. Ele tinha mais do que os outros homens aquela sabedoria que se chama esperteza, e truques para todas as coisas. Ele levava os Æsir sempre a plenos problemas e frequentemente os livrava com estratagemas. Sua mulher se chama Sigyn, o filho deles Nari ou Narfi. Mas Loki teve mais filhos. Angrboða chamava-se uma giganta no Mundo dos Gigantes. Com ela Loki teve três filhos. Um foi o lobo Fenrir, o segundo Jǫrmungandr (este é a Serpente de Miðgarðr), o terceiro é Hel.

Glossário Nórdico-Português

Neste glossário são listadas todas as palavras (incluindo nomes próprios) encontradas nas leituras, nos exercícios e ao longo das explicações gramaticais. São fornecidas as traduções mais comuns para os vocábulos, especialmente em vista de suas ocorrências neste livro e nos trechos selecionados que o compõem. O glossário não pode ser utilizado como um dicionário, pois diversas informações e acepções foram tacitamente omitidas. Para a redação deste glossário, servi-me amplamente do dicionário conciso de Zoëga, do grande dicionário de Cleasby & Vigfusson e do glossário de Anthony Faulkes em sua edição do *Gylfaginning* (in: Sturluson, 2005). Circunstancialmente, outras obras de referência foram consultadas (ver bibliografia ao final da Introdução).

af prep. com dat. de, a partir de
afar adv. muito, extremamente
aka (ek) v. dirigir, puxar (um veículo)
aldinn adj. antigo, vetusto (poet.)
aldr (aldrs) m. vida, destino, idade || *ungr at aldri* de idade jovem, jovem na idade
Alfǫðr m. "Pai de Todos", um nome do deus Óðinn
allógurligr adj. muito terrível, completamente terrível
allr (ǫll, allt) adj. todo, inteiro || pl. todos
alls conj. já que, porquanto
allvegligr adj. muito glorioso, muito nobre
alþingi n. assembleia geral (na Islândia medieval, a assembleia máxima em que se reuniam os chefes de todos os quartos do país no verão)
andask v. morrer
Angrboða f. nome de uma giganta
annarr (ǫnnur, annat; pl. aðrir, aðrar, ǫnnur) adj. 1 sing. outro, o outro, segundo || 2 pl. outros
aptrganga f. assombração, aparição (morto-vivo). Também na forma m. *aptrgangr*, com o mesmo significado.
askr (pl. askar) m. freixo (uma árvore)

at 1 prep. (dat.) em, a || (menos comum, com ac.) em sucessão a
at 2 partícula que marca infinitivo (frequentemente equivalente ao inglês *to*), a, para
atseta f. morada, residência, sede
auðigr (também auðugr) adj. rico
Auðr djúpauðga f. nome próprio com apelido (ver também *Uðr*)
Auðr f. nome próprio
Auðunn m. nome próprio
auga n. olho
aurr m. lama, barro
ausa (eys) v. borrifar, aspergir, regar

á (gen. sing. ár, nom. pl. ár, dat. pl. ám) f. rio
á prep. 1 com dat. em, em cima de || 2 com ac. para, a
áðr adv. e conj. antes || *áðr en* antes que
ágirni f. ambição, cobiça
ágætr adj. excelente, glorioso, famoso
áheit n. prece, invocação
ákafliga adv. com ímpeto, impetuosamente
álfkunnigr adj. aparentado com os elfos, da família dos elfos
álfr m. elfo (criatura mítica)
Áli (o mesmo que Váli) m. um deus
álit n. aparência, aspecto || *fagr álitum* belo na aparência, de aspecto belo
Ásaþórr m. "Þórr dos Æsir", um nome do deus Þórr
Ásbjǫrn m. nome próprio
Ásbrú f. "Ponte dos Æsir", outro nome da ponte Bifrǫst
áskunnigr adj.aparentado com os deuses, da família dos deuses
Áss (pl. Æsir) m. um deus da família dos *Æsir*, a estirpe mais importante dos deuses nórdicos, em oposição aos *Vanir*; também em sentido geral, um deus nórdico
ást (pl. ástir) f. amor
Ásynja f. deusa (feminino de *Áss*)
átt f. direção, região || família, estirpe, raça
átta num. card. oito
átti num. ord. oitavo

bak n. costas, atrás
Baldr m. um deus, filho de Óðinn
banaorð n. palavra da morte, na expressão *bera banaorð af*: matar em batalha (literalmente

"portar notícias da morte de alguém")
banasár n. ferimento mortal
band n. amarra (no pl. *bǫnd* amarras, nós, cordas que prendem)
bani m. morte || *verða at bana* ser a causa da morte
banna v. proibir
barn n. criança (no plura, *bǫrn*, "crianças, filhos")
barr n. folha acicular (em pinheiros) || na expressão *bíta barr,* morder a folhagem
baztr variante de *beztr*
báðir (báðar, bæði) adj. ambos
bál n. fogueira, pira
beiða v. pedir || refl. *beiðask* pedir para si
bera v. carregar, levar, portar || dar à luz, parir
berja v. bater || refl. *berjask* v. lutar
berr adj. nu, descoberto || aberto, manifesto
berserkr m. termo usado para designar um guerreiro em transe, com fúria animalesca
beztr adj. superl. melhor
biðja v. pedir
Bifrǫst f. a ponte Bifrǫst
binda v. amarrar, prender, atar
bíta v. morder
bjarg n. rochedo, montanha; precipício, penhasco (sobre o mar)
bjartr adj. brilhante
bjóða (býð) v. oferecer || convidar
Bjǫrn buna m. nome próprio com apelido (*buna* pode ser entendido como "meia-solta" – tradução difícil)
Bjǫrn inn austrœni m. nome próprio com apelido, Bjǫrn o do leste
blása (blæs) *v.* soprar
blindr adj. cego
blóð n. sangue
boða v. anunciar, proclamar, pregar
bogi m. arco
bogmaðr m. arqueiro
borðbúnaðr m. utensílio de mesa
borg (-ar, -ir) f. pequena colina || forte, fortificação || cidadela, cidade
bók (pl. bœkr) f. 1. faia (árvore); tecido bordado; livro
Bragi m. o deus da poesia Bragi
braut adv. embora, para longe || também com as prep. *á* e *í*: *á braut/brautu*
brá (gen. sing. brár; pl. brár) f. cílio
Breiðablik n. pl. local no céu onde morava o deus Baldr
breiðr (breið, breitt) adj. largo
brenna v. arder, queimar
Bretland n. "Terra dos bretões", isto é, território de Gales

brigða v. quebrar (uma promessa, palavra)
brjóta (brýt) v. quebrar
brotna v. quebrar, partir-se
brott adv. o mesmo que *braut*
bróðir (ac., dat. e gen. sing bróður; pl. brœðr) m. irmão
brunnr m. poço
brynja f. cota de malha, loriga
búa (bý) v. morar || preparar, arrumar
búð f. morada temporária (na assembleia), tenda (uma *búð* podia ter paredes perenes, mas era coberta sazonalmente)
byggja v. habitar, povoar
Býleistr m. irmão de Loki
bæði n. do adj. *báðir*, "ambos", usado junto com *ok* || *bæði ... ok* : tanto ... quanto
bœr m. fazenda, propriedade
Bǫðvarr m. nome próprio

dagr (-s, -ar) m. dia
Dala-Kollr m. nome próprio
Danmǫrk f. Dinamarca
danskr adj. dinamarquês || *dǫnsk tunga* língua dinamarquesa, isto é, a língua nórdica em sentido geral
dauði m. morte
dauðr adj. morto
Dáinn m. um dos quatro veados que danificam a folhagem do freixo Yggdrasill
djarfr adj. valente, intrépido, ousado
djúpr adj. profundo
dómandi (pl. dómendr) m. judicante, arbitrador
dómr (-s, -ar) m. decisão, julgamento
dómstaðr (pl. -ir) m. local de julgamento, tribunal
dóttir (ac., dat. e gen. sing dóttur; pl. dœtr) f. filha
draga (dreg) v. puxar, arrastar
dreifa v. borrifar, aspergir, espalhar
drekka v. beber
drepa v. matar
drífa v. precipitar-se, cair
dróttning f. senhora; rainha
drykkja f. bebida
drykkr (pl. -ir) m. bebida; gole, ato de beber
drýgja v. suportar; levar adiante, cometer
duga v. ajudar, servir, adiantar
Duneyrr m. um dos quatro veados que danificam a folhagem do freixo Yggdrasill
Duraþrór m. um dos quatro veados que danificam a folhagem do freixo Yggdrasill
Dvalinn m. 1. um dos quatro veados que danificam a folhagem do freixo Yggdrasill
Dvalinn m. 2. um anão
dvergr (-s, -ar) m. anão
dyrr (gen. pl. dura) f. pl. porta, passagem

dœma v. julgar, decidir

eða conj. ou
ef conj. se
efri adj. comp. superior
eiðr (-s, -ar) m. voto, promessa
Egill m. nome próprio
Eyvindr austmaðr m. nome próprio com apelido, Eyvindr o homem do leste
eiga v. ter, possuir
eigi adv. não
einhendr adj. maneta, de uma mão só
einherjar m. pl. os guerreiros seletos de Óðinn, que com ele permanecem em Valhǫll aguardando o Ragnarøkr
einkamál n. acordo privado, acordo especial, privilégio
einn (ein, eitt) num. card. um
Eir f. uma deusa
eitr n. veneno
ekki pron. nada || usado também como partícula de negação enfática: não
eldr (-s, -ar) m. fogo, fogueira
ellipti num. ord. décimo primeiro
elskugi m. amor
elztr adj. superl. o mais velho
en conj. mas; por sua vez, já; e || em construções com comparativo: que
engi pron. ninguém, nenhum
England n. Inglaterra
enn adv. ainda || já
eptir prep. dat. e ac. || dat. atrás, por, ao longo de || ac. depois, em sucessão a || como adv. atrás, para trás
er pron. rel. indeclinável que, quando || *þá er* quando
erfiði n. dificuldade, pena
eski n. caixa com pertences pessoais, feita de freixo
ey (gen. sing. eyjar, nom. pl. eyjar) f. ilha
Eystribyggð f. Habitação Oriental, na Groenlândia

faðir (ac., dat. e gen. sing. fǫður; pl. feðr) m. pai
fagr (fǫgr, fagrt) adj. belo
Falhófnir m. um cavalo
falla (fell) v. cair || fluir, correr (rio)
fang n. pega, apanha || abraço, espaço entre os braços (em gesto para apanhar algo)
fara (fer) v. ir
fá (fæ) v. obter, receber, tomar
Fáfnir m. nome próprio, um dragão
Fáfnismǫl (Fáfnismál) n. pl. Os Ditos de Fáfnir, Dizeres de Fáfnir (título de um poema da Edda poética)

Fárbauti m. o gigante Fárbauti
fegrð f. beleza
feigð f. a hora da morte, a chegada da morte
feigr adj. fadado à morte
fela v. esconder, depositar
Fenrisúlfr m. o Lobo Fenrir
Fensalir m. pl. morada da deusa Frigg
ferð f. jornada, viagem
fet n. passo; pé (medida)
fé n. gado, rebanho || dinheiro, riqueza, fortuna, propriedade, bem de valor
fésæll adj. rico, abastado, próspero
fimbulvetr m. "inverno misterioso" ou "inverno poderoso"
fimm num. card. cinco
fimti num. ord. quinto
Finland n. Finlândia
fjǫlbreytinn adj. instável, caprichoso, imprevisível
fjǫturr (gen. sing. fjǫturs e fjǫtrar; nom. pl. fjǫtrar) m. grilhão
fjórði num. ord. quarto
fjórir (fjórar, fjǫgur) num. card. quatro
fleiri adj. comp. mais
fljóta (flýt) v. flutuar
fljúga (flýg) v. voar
flærð f. dolo, engano, fraude
forað n. monstro
forðum adv. antigamente
Forseti m. um deus, filho de Baldr
fótr (pl. **fœtr**) m. pé, perna
Frakkland n. terra dos Francos (França)
fram adv. para a frente, em frente, adiante
framast adv. comp. mais à frente
frá prep. dat. de, a partir de, vindo de || sobre, a respeito de, acerca de
Freyr m. o deus Freyr
Frigg f. a deusa Frigg
fríðr adj. belo, formoso
frost n. frio de congelar, gelo, geada
Fróði inn frœkni m. nome próprio com apelido, Fróði o valente
fróðr adj. sábio, instruído, dotado de conhecimento
frumkveði m. causador, originador
Fulla f. uma deusa, confidente de Frigg
fullr (full, fullt) adj. cheio
fundr m. encontro
fúna v. apodrecer
fylgja v. seguir, acompanhar
fylking f. tropa, legião
fyrir prep. 1 ac. em frente, diante de || 2 dat. em frente, por (explicativo: *fyrir því* porque)
fyrr adv. antes || *fyrr en* antes que

fyrstr adj. superl. primeiro, mais à frente
Færeyjar f. pl. Ilhas Féroes

ganga (geng) v. caminhar, andar, ir (a pé)
gapa v. abrir a boca, estar boquiaberto || abocanhar
Garði m. nome próprio
Garmr m. um cão monstruoso
gefa v. dar
Gefjun f. uma deusa
gegnum prep. ac. através (também *í gegnum*)
Glaðr m. um cavalo
Gyllir m. um cavalo
Glær m. um cavalo
Gils m. um cavalo
Gungnir m. nome da lança de Óðinn
Gnipahellir m. uma caverna, de onde sai o cão Garmr
Grímr m. nome próprio
Gefn f. um nome da deusa Freyja
geirr m. lança
gera v. fazer
geta v. obter || ter (um filho)
geysa v. fazer partir com violência, expelir, jorrar, lançar com violência || refl. geysask jorrar impetuosamente
gin n. focinho
Ginnungagap n. nome dado ao caos primevo na cosmogonia nórdica. O termo já teve interpretações variadas. Pode-se lê-lo como *vazio poderoso, vazio mágico* (cf. Faulkes IN Sturluson: 2005: 167). Outra leitura comum é "vazio boquiaberto".
gipta v. dar em casamento, casar || refl. *giptask* casar-se
Gjallarhorn n. o chifre Gjallarhorn
gjǫf (gen. sing. gjafar; nom. pl. gjafar ou gjafir) f. presente, dádiva
gleypa v. engolir
gnaga v. roer
gnýr (-s, -ir) m. barulho, clangor, estrondo
goð n. deus (pagão)
goði m. na Islândia pré-cristã, um chefe distrital com funções sacerdotais
goðkunnigr adj. divino, de origem divina
góðr (góð, gott) adj. bom
gras n. grama, vegetação, planta
gráta (græt) v. chorar
Grikkland n. Grécia (referindo-se em sentido amplo ao território bizantino)
grimmligr adj. aterrorizante, assustador

Grœnland n. Groenlândia
guð 1. m. Deus (cristão) || 2. n. equivalente a *goð*
gull n. ouro || *af gulli* de ouro
gullband n. faixa de ouro
gullhjálmr m. elmo de ouro
Gullintanni m. um nome do deus Heimdallr
Gulltoppr m. o cavalo do deus Heimdallr
Gunnhildr f. nome próprio
gýgr f. giganta
gæta v. cuidar, guardar

haf n. mar
hafa v. ter
hafr m. bode
halda (held) v. segurar, manter, guardar || med. *haldask* ser seguido, cumprido
Hallinskíði m. um nome do deus Heimdallr
hamarr m. martelo
happskeytr adj. de disparo certeiro
harðlyndr adj. temperamental, de temperamento duro
harðr adj. duro
haukr (pl. haukar) m. falcão
hár (há, hátt) adj. alto
hár n. cabelo
háttr (gen. háttar, dat. hætti; pl. nom. hættir, ac. háttu) m. modo, costume, hábito, conduta, comportamento, maneira || *mikils háttar* de importância
hefna v. vingar-se
heilagr (heilug, heilagt) adj. sagrado
Heimdallr m. o deus Heimdallr
heimr (pl. heimar) m. mundo
heita v. chamar-se, ser denominado
Hel f. senhora do mundo dos mortos, filha de Loki; o termo também designa o próprio mundo dos mortos
Helblindi m. irmão de Loki
Helgi bjólan m. nome próprio com apelido
Helgi inn magri m. nome próprio com apelido, Helgi o magro
Helgi m. nome próprio
Helluland n. "Terra da Placa de Rocha", nome dado pelos nórdicos a uma região na América
Herjólfr m. nome próprio
hervæða v. vestir em armadura || *hervæða sik* : vestir armadura, pôr-se em armadura, pôr em si armadura
hestr m. cavalo
heyra v. ouvir, escutar
hér adv. aqui
himinn (pl. himnar) m. céu
Hjaltland n. Ilhas Shetland
hjálmr (pl. hjálmar) m. elmo
hjǫrtr (pl. hirtir) m. veado

hlaupa (hleyp) v. pular, correr
hlið f. lado, flanco
hlóa v. ferver, borbulhar
hlutr (-ar, -ir) m. parte || coisa || *engi hlutr* : nada
hlýða v. ouvir, escutar
horfa v. apontar para, estar direcionado para
horn n. chifre || trompa
hrímþurs m. gigante de gelo
Hrútr m. nome próprio
Hrútsstaðir m. pl. "Locais de Hrútr", nome da fazenda de Hrútr
Hrymr m. um gigante
hrynja v. cair
hræddr adj. assustado, amedrontado
hugaðr adj. corajoso
hugr (-ar, -ir) m. mente, pensamento, sentimento, coragem
hundrað n. num. ord. centena, cem
hvar pron. int. e rel. onde
hvass (hvǫss, hvasst) adj. cortante
hvat pron. int. que
hvárr pron. 1. int. qual (de dois) || 2. cada um (de dois)
hverfa v. desaparecer
Hvergelmir m. a fonte Hvergelmir
hverr (hver, hvert) pron. 1. int. quem, qual || 2. cada, todo
hvítastr adj. superl. (o) mais branco
hvítr adj. branco
Hǫðr m. o deus cego Hǫðr
hǫfðingi m. chefe
hǫfuð n. cabeça
hǫggva (høgg) v. golpear
hǫll (gen. sing. hallar; nom. pl. hallir) f. salão, mansão
hǫnd (gen. sing. handar; nom. pl hendr) f. mão
Hǫrn f. um nome da deusa Freyja
Hǫskuldr m. nome próprio
Hǫskuldsstaðir m. pl. "Locais de Hǫskuldr", nome da fazenda de Hǫskuldr
Hǫttr m. nome próprio

Iðunn f. a deusa Iðunn
illmenni n. malfeitor, um homem cruel, mau
illr adj. mau, ruim
Ingjaldr m. nome próprio
inn adv. dentro de, para dentro de

í prep. dat. em, dentro de || ac. em, dentro de, adentro de, para dentro de
íkorni m. esquilo
Írakonungr m. rei dos irlandeses
Írland n. Irlanda

Ísland n. Islândia
íslenzkr adj. islandês

jafnan adv. constantemente, sempre
jafna v. aparar, igualar, dividir em partes iguais || *jafna til* comparar
jarðhús n. quarto subterrâneo
Jórunn mannvitsbrekka f. nome próprio com apelido, Jórunn colina-de-bom-senso
jǫrð (gen. jarðar) f. terra
Jǫrmungandr m. um nome da serpente de Miðgarðr (Miðgarðsormr)
Jǫtunheimr m. (comum no pl. Jǫtunheimar) Mundo dos Gigantes
jǫtunmóðr m. fúria de gigante
jǫtunn m. gigante

kalla v. chamar
karl (pl. karlar) m. homem (do sexo masculino, em oposição a *kona*)
kastali m. castelo, fortaleza
Kerlaug (pl. Kerlaugar) f. nome de dois rios
Ketill flatnefr m. nome próprio com apelido, Ketill nariz-chato
Ketill inn fiskni m. nome próprio com apelido, Ketill o bom de pesca
Ketill veðr m. nome próprio com apelido, Ketill carneiro
keyptr m. mandíbula
Kirkjubœr m. um local na Islândia, "Fazenda da Igreja"
Kípr f. Chipre
Kjarvaldr m. nome próprio
kjósa (kýs) v. escolher
kjǫptr m. mandíbula
klofna v. partir-se, quebrar-se
koma (kem) v. vir, chegar
kona (gen. pl. kvenna) f. mulher
konungr (-s, -ar) m. rei
kostgripr (-ar, -ir) m. bem precioso, bem de valor
kristinn adj. cristão
kristni f. cristianismo
Krít f. Creta
kurteisliga adv. de maneira cortês, educadamente, elegantemente
kveða v. dizer, pronunciar, declamar, recitar
kveðja v. saudar, cumprimentar
Kǫrmt f. nome de um rio
kǫttr (gen. sing. kattar, nom. pl. kettir, ac. pl. kǫttu) m. gato

land n. terra, país, território
langr (lǫng, langt) adj. longo
Laufey f. a mãe de Loki
launa v. repagar, recompensar
launráð n. conselho secreto, pensamento secreto

laushárr adj. com cabelos soltos
lauss (laus, laust) adj. solto
Laxárdalr m. um vale na Islândia, "Vale do Rio do Salmão"
láta (læt) v. (com complemento no inf.) deixar, fazer com que, mandar
leggja v. colocar, pôr, meter || estocar (com espada, lança)
leið (pl. leiðir) f. caminho
leyfi n. permissão
leysa v. soltar, libertar, livrar
lén n. recompensa, ganho, sucesso, riqueza
Léttfeti m. nome de um cavalo
lið n. bando, grupo || gente
liggja v. jazer, estar deitado || estar situado
limar f. pl. galhos
líf n. vida
líki n. corpo, forma
líknsamastr adj. superl. mais gracioso, mais misericordioso
lítill (lítil, lítit) adj. pequeno, pouco
lof n. glória
lofa v. venerar, louvar, enaltecer
Lofn f. uma deusa
logi m chama
Loki m. o deus Loki
lopt n. ar, céu || *á lopti* no ar, no alto
Loptr m. um outro nome de Loki
losna v. soltar-se, desatar-se
lýsa v. iluminar, brilhar, emanar luz
læknir m. médico
lǫgr (gen. lagar) m. mar
lǫgsǫgumaðr (flexiona-se como *maðr*) m. recitador da lei (uma função importante durante o Estado Livre islandês, quando o código legal era transmitido e preservado oralmente)

maðr (gen. sing. manns; pl. menn) m. homem || no pl. homens, pessoas
manndráp n. homicídio, assassínio
mannvit n. inteligência, compreensão humana
Mardǫll f. um nome da deusa Freyja
margr (mǫrg, margt/mart) adj. muito
marka v. perceber, inferir
Markland n. "Terra da Floresta", nome dado pelos nórdicos a uma região na América
matr (pl. -ir) m. refeição, comida
málsnild f. eloquência, oratória
máttr m. poder
máttugr adj. forte, potente, poderoso
með prep. dat. e ac. com, junto com || com, por meio de || ao longo de

mega v. poder, ser capaz
mein n. mal, dano
meiri adj. comp. mais, maior
mestr adj. superl. máximo, maior || n. *mest* como adv. mais, principalmente, sobretudo
Miðgarðsormr m. a Serpente de Miðgarðr, a Serpente do Mundo
mikill (mikil, mikit) adj. muito, grande || *mikill fyrir sér* poderoso
Miklagarðr m. Constantinopla
mildr adj. gentil, brando
milli prep. gen. entre, no meio de
missa v. gen. estar sem, estar privado de, sentir falta de
Mímir m. o deus Mímir || *Mímis brunnr* o poço de Mímir
mjǫðr (gen. sing. mjaðar) m. hidromel
mjǫk adv. muito
Mjǫllnir m. nome do martelo do deus Þórr
morgunn m. manhã
móðir (ac., dat. e gen. sing. móður ou mœðr; pl. mœðr) f. mãe
móti prep. dat. contra, na direção de
munnr (-s, -ar) m. boca
Muspell m. o mundo de fogo
mæla v. falar, pronunciar
mær (pl. meyjar) f. menina, donzela, virgem
mærr adj. renomado, ilustre, glorioso, esplêndido
mǫgr (gen. sing. magar; pl. megir) m. poet. filho

nafn n. nome
nagl (gen. sing. nagls; pl. negl) m. unha
Naglfar n. (também Naglfari m.) um navio construído com as unhas dos mortos
nauðgǫngull adj. parteiro, que auxilia mulheres no parto
Nál f. outro nome da mãe de Loki (ver Laufey)
náttúra f. natureza, característica
neðan adv. de baixo
neðri adj. comp. inferior
né adv. nem
niðr adv. para baixo, embaixo
Niflheimr m. Mundo da Neblina
Níðhǫggr m. o dragão Níðhǫggr
níundi num. ord. nono
Njǫrðr m. nome próprio, um deus
njóta (nýt) n. gozar, fruir, usufruir
norn (pl. nornir) f. norna, ser mítico (com função análoga à das parcas na mitologia clássica)
Norvegr (também Nóregr) m. Noruega
nú adv. agora
næst adv. superl. próximo, mais próximo

nǫs (gen. nasar; pl. nasar ou nasir) f. narina

Oddr m. nome próprio
ofan adv. de cima, do alto, em cima
ok (1) conj. e || (2) adv. também
opt adv. frequentemente
orð n. palavra
orðfimi f. habilidade com as palavras
Orkneyjar f. pl. Ilhas Orkney
ormr (pl. ormar) m. serpente
Ormr m. nome próprio
orrosta f. batalha

Óðinn m. o deus Óðinn (na grafia anglicizada Odin), segundo as Eddas o chefe dos *Æsir*
Óðr m. marido de Freyja
ógagn n. destruição, perda, dano
óhreinn adj. impuro, mau
ójafn adj. desigual || n. como adv. *ójafnt* desigualmente, injustamente
ókunnigr adj. desconhecido
Óláfr inn hvíti m. nome próprio com apelido, Óláfr o branco
ór prep. dat. de, para fora de
óskasynir m. pl. filhos adotivos
óskǫp n. pl. desgraça, infortúnio
óttalauss adj. sem medo, livre de temor
óvæginn adj. obstinado
óþveginn adj. não-lavado, imundo (um apelido)

Rafarta f. nome próprio
Ragnarr loðbrók m. nome próprio com apelido, Ragnarr calça-peluda
ragnarøkr (gen. -røkrs) n. crepúsculo dos poderes (i.e. deuses). Esta forma é empregada na Edda em prosa, mas existe também em outros textos (poemas éddicos) a forma *ragnarǫk* n. pl. ("destino, fim dos deuses")
Ratatoskr m. nome do esquilo que percorre o freixo Yggdrasill
rauðr (rauð, rautt) adj. vermelho
Raumaríki n. região na Noruega
Raumsdalr m. um vale na Noruega
Raumsdœlafylki n. um distrito no vale Raumsdalr, na Noruega
ráð n. conselho, ordem, comando, decisão
ráða (ræð) v. decidir, determinar, aconselhar, ordenar, interpretar
reið (pl. reiðar) f. carro, carruagem

Rindr f. uma deusa, mãe de Váli
ríða v. cavalgar
rífa v. rasgar
ríkr adj. poderoso
rógberi m. caluniador
Rómaborg f. Roma
rót (pl. rœtr) f. raiz
rúm n. espaço
rǫst (gen. sing. rastar; nom. pl. rastir) f. unidade de medida (imprecisa) equivalente a cerca de uma légua

saga f. história, relato || saga (narrativa escrita)
salr m. salão || morada
saman adv. junto, conjuntamente
samgangr m. encontro, confronto
Saxland n. Saxônia
sá (sú, þat) pron. dem. aquele
Sága f. uma deusa
segja v. dizer, contar
seinn adj. lento, demorado || n. *seint* usado adverbialmente: com demora
sem conj. como || pron. rel. que
senda v. enviar, mandar
sétti num. ord. sexto
Sif f. uma deusa, mãe de Ullr
sifjasliti n. adultério
Sighvatr m. nome próprio
Sigmundr m. nome próprio
Signý f. nome próprio
sigr (gen. sigrs) m. vitória
Sigurðr m. nome próprio, o mais célebre dos heróis nórdicos, matador do dragão Fáfnir
Sigurðr ormr-í-auga m. nome próprio com apelido, Sigurðr serpente-no-olho
Sigyn f. mulher de Loki
Sikiley f. Sicília
Silfrtoppr m. nome de um cavalo
Sinfjǫtli m. nome próprio
Sinir m nome de um cavalo
sinni m. companheiro (voc. poet.)
sitja v. sentar-se, estar sentado
síðan adv. depois, em seguida
síðr adj. longo
sjafni m. amor
sjaundi num. ord. sétimo
sjá (sé) v. ver
sjálfr adj. próprio, mesmo
Sjǫfn f. uma deusa
skammr *adj*. breve, curto
skapa v. moldar, criar, determinar
skapharðr adj. de temperamento duro
skaplyndi f. caráter, natureza
skapstórr adj. orgulhoso
skáld n. poeta
Skeiðbrimir m. nome de um cavalo
skerða v. tirar pedaços, danificar

skip n. navio
skipta v. dividir, repartir
skíðfœrr adj. capaz de esquiar, bom com sapatos para neve
skína v. brilhar, luzir
Skírnir m. nome próprio
skjálfa (skelf) v. tremer
skjǫldr (gen. sing. skjaldar; nom. pl. skildir) m. escudo
skjótr adj. rápido, veloz
Skotland n. Escócia
skóklæði n. pl. calçados
Skuld f. uma das nornas (o nome é relacionado ao verbo *skulu*, que forma o tempo futuro e denota obrigação ou necessidade; trata-se da norna responsável pelo *que há de ser*)
skutilsveinn m. serviçal, pajem
Sleipnir m. nome do cavalo do deus Óðinn
slitna v. partir-se, romper-se
slyngja v. dat. atirar, lançar
slœgð f. artimanha, esperteza
snúa (sný) v. virar, voltar || voltar-se || refl. *snúask* virar-se, voltar-se
snær (gen. snævar) m. neve
Sogn n. local na Noruega
son m. variante do nom. sing. de **sonr**
sonr m. filho
sól f. sol
spá (pl. spár) f. profecia
spákona f. profetisa, mulher adivinha
spekð f. sabedoria
speki f. sabedoria
spjót n. lança
spyrja v. perguntar || tomar conhecimento, tomar notícia
staðr (-ar, -ir) m. local, lugar
stafnbúi m. homem do castelo de proa (num navio de guerra)
standa (stend) v. postar-se, estar de pé, colocar-se de pé, ficar, estar
stefna v. dirigir-se, voltar-se para
steinn (-s, -ar) m. pedra, rocha
steinshǫgg n. golpe de pedra, pedrada
sterkr adj. forte
stíga v. pisar, dar passo
stjarna f. estrela
stjúpsonr m. enteado
stórr adj. grande
stund f. período de tempo, tempo || hora
styrkr adj. forte
stýra v. governar, pilotar
Suðreyjar f. pl. "Ilhas do Sul", as Hébridas
sumar (pl. sumur) n. verão
sumr (sum, sumt) adj. algum
sundr adv. ao meio, pela metade
sundrborinn part. pret. de origens diferentes
sundrlauss adj. incoerente, solto, descontínuo, espalhado, díspar
Surtr m. um gigante || também um nome próprio de homem (Surtr Þorsteinsson)

svá adv. assim, então || *hann er svá ... at...* ele é tão... que, ele é tanto... de modo a || svá sem bem como, assim como
sverð n. espada
Svertlingar m. pl. os "Svertlingos", isto é, o *jarl* Svertingr e seus filhos
Svíþjóð f. Suécia
systir (ac., dat. e gen. systur; pl. systr) f. irmã
sýn f. visão, vista, aparência || dat. pl. *sýnum* na aparência
Sýr f. um nome da deusa Freyja
sættir m. conciliador, pacificador
sævargangr m. o crescimento do mar, agito do mar, inundação do mar (numa forma variante, *sjávargangr* inundação no dilúvio – cf. Edda, Prólogo)
sœkja v. buscar, apanhar || atacar || perseguir || *sœkja fram* avançar, ganhar terreno
sǫk (gen. sakar) f. causa, razão || *fyrir + gen. sakar* por causa de
Søkkvabekkr m. morada da deusa Sága

taka (tek) v. pegar, tomar || *taka við* receber
tala v. falar, contar, pronunciar(-se)
talaðr part. pret. de *tala* como adj. dotado de fala (de certo tipo): *fegrst talaðr* de mais bela fala, que se pronuncia mais belamente
tár n. lágrima
telja v. contar
tiginn adj. eminente, nobre, honrado
til prep. gen. para, em direção a || *til móts við* (com *ac.*) : ao encontro de
tíðindi n. pl. notícias || eventos
tíundi num. ord. décimo
tólf num. card. doze
tré n. árvore
tréna v. secar, morrer
tunga f. língua
tungl n. lua
tveir (tvær, tvau) num. card. dois
Týr m. o deus Týr
tǫnn (gen. sing. tannar; nom. pl. tenn, tennr ou teðr) f. dente

Uðr in djúpúðga (o mesmo que Auðr djúpauðga) f. nome próprio com apelido, Uðr mente-profunda
Ullr m. um deus
um prep. ac. em torno de, ao redor de || sobre, através de || acerca de, sobre || *um fram* além, muito mais que
undan prep. e adv. de baixo, a partir de baixo

undir prep. dat. e ac. sob, abaixo de, embaixo de
ungr adj. jovem
upp adv. em cima, para cima, acima
Urðr f. uma das nornas (o nome é o formado a partir do part. pret. do v. *verða*, tornar-se, ocorrer; sua função é associada ao passado, ao *ocorrido*)

úlfr (-s, -ar) m. lobo
Úlfr m. nome próprio
út adv. fora, para fora
Útgarðaloki m. nome próprio, um gigante

vaða (veð) v. vadear (andar por trecho raso de rio, lago etc.)
valda (veld) v. dat. causar
Valfǫðr m. Pai dos guerreiros mortos, um nome do deus Óðinn
valkyrja f. valquíria
valr m. morto em batalha || *falla í val* cair morto em batalha
Vanadís f. Donzela dos *Vanir*, um nome da deusa Freyja
vandræði n. dificuldade, problema
Vanir m. pl. os deuses *Vanir*
Váli (o mesmo que Áli) m. um deus
vápn n. arma
vápnastaðr m. local onde alguém pode ser ferido por arma
Vár f. uma deusa
veð n. garantia, penhor || *veð Valfǫðrs* penhor de Valfǫðr, isto é, o poço de Mímir onde Óðinn (Valfǫðr) depositou seu olho como penhor
Veðrfǫlnir m. um falcão
vegr (gen. sing. vegar ou vegs; nom. pl. vegir ou vegar) m. caminho, direção
veita v. conceder, dar
vekja v. acordar
vel adv. bem
vera v. ser, estar || também com sentido de existir, haver
verða v. acontecer, dar-se || tornar-se; surgir (assim como *vera* e *heita*, este verbo toma complemento no nominativo)
vesa v. forma mais antiga de *vera*
Verðandi f. uma das nornas (o nome é o formado a partir do part. pres. do v. *verða*, tornar-se, ocorrer; sua função é associada ao presente, ao *que está ocorrendo*, ao *que vem a ser*)
verǫld (gen. sing. veraldar; pl. veraldir) f. mundo
Vestribyggð f. Habitação Ocidental (na Groenlândia)
vetr (gen. sing. vetrar; pl. vetr) m. inverno

við *prep. ac. e dat.* com, contra, para, por, junto a
viðr (gen. sing. viðar; pl. nom. viðir, ac. viðu) m. árvore, madeira
viðtaka f. recepção, acolhida
vilja v. desejar, querer
vindr (gen. vinds ou vindar) m. vento
vita (veit) v. saber, conhecer
vitr (f. vitr, n. vitrt) adj. sábio
Víðarr m. um deus
víðr (víð, vítt) adj. largo, amplo
víg n. batalha
Vígríðr m. um campo
víkingr (-s, -ar) m. saqueador, pirata, viquingue (o termo nos textos nórdicos não pode ser entendido, em hipótese alguma, como uma designação étnica)
Vínland n. "Terra das Parreiras", nome dado pelos nórdicos à terra paradisíaca descoberta na América
vísindi n. pl conhecimento, inteligência, sabedoria || conhecimento mágico
væl f. truque, artimanha
vælræði n. truque, estratagema, ilusionismo
vænn adj. belo
vǫllr (pl. vellir) m. campo, planície
Vǫlsungar m. pl. os Volsungos, linhagem lendária de heróis, à qual pertence o mais célebre de todos, Sigurðr, o matador do dragão Fáfnir
Vǫluspá f. "Profecia da Sibila", título de um poema que narra a cosmogonia e a escatologia nórdica. Versos da *Vǫluspá* são citados por Snorri na Edda em prosa, e o poema é o primeiro da Edda poética, no manuscrito *Codex Regius*.
vǫlva (pl. **vǫlur**, gen. **vǫlu**; também **vǫlvur, vǫlvu**) f. profetisa, sibila
vǫmm f. vergonha, desonra, mácula

yfir prep. sobre, por cima
Yggdrasill m. o freixo Yggdrasill, a árvore do mundo na cosmologia nórdica
ymja v. suspirar, gemer
Yngvildr f. nome próprio

þaðan adv. de lá, daí
þakka v. agradecer
þangat adv. até lá, para lá
þar adv. lá || *þar sem* onde, lá onde
þá adv. então || *þá er* quando
þegar adv. imediatamente || *þegar er* assim que, tão logo
þessi (þessi, þetta) pron. dem. este || n. *þetta* isto

þing n. assembleia
þinn (þín, þitt) pron. poss. teu
þjóna v. servir
Þorbjǫrn m. nome próprio
Þorgerðr f. nome próprio
Þorkell m. nome próprio
Þorsteinn inn rauði m. nome próprio com apelido, Þorsteinn, o vermelho
Þorsteinn m. nome próprio
Þóra f. nome próprio
Þórr m. o deus Þórr (mais conhecido com a grafia anglicizada Thor)
Þórunn hyrna f. nome próprio com apelido, Þórunn ponta-de-machado
þótt (contração de *þó at*) conj. ainda que, conquanto
þriði num. ord. terceiro
þrír (þrjár, þrjú) num. card. três
þræll (-s, -ar) m. escravo
þvertaka v. recusar completamente
þvíat (því at) conj. pois, porque
þykkja v. parecer
þyrma v. respeitar, venerar
þǫgull adj. calado, silencioso, taciturno

Æsir pl. de *Áss*
ætt (pl. -ir) f. estirpe, família || direção, ponto cardeal

œrinn adj. bastante, suficiente || n. como adv. *œrit* bastante
œztr adj. superl. (o) mais alto, mais eminente

ǫfundarorð n. palavra de inveja, palavra insidiosa
Ǫkuþórr m. "Þórr que conduz", um nome do deus Þórr
ǫlgǫgn n. pl. recipientes de cerveja
Ǫrmt f. nome de um rio
ǫrn (pl. ernir) m. águia

ørendi n. pl. mensagem, missão
ørlǫg n. pl. destino, fado
øx (gen. sing. øxar ou exar; nom. pl. øxar ou exar) f. machado

pólen bold 90 gr/m2
tipologia times new roman
impresso no inverno de 2023